기업의 수익 구조를
낱낱이 파헤친다!

보이는 노트
재무제표

고미야 가즈요시 감수 | **장혜영** 옮김

데이원

'결산서'를 읽을 줄 알면 회사의 수익구조와 비즈니스 모델을 알 수 있다

비즈니스맨이 아니더라도 '결산서'라는 말은 들어 본 적이 있을 것입니다. "회계학 아니에요?"라고 지레 경계하는 사람도 있겠지만, 사실 결산서를 읽는 것은 그리 어려운 일이 아닙니다. 규칙과 요령만 알면 누구나 읽을 수 있으니까요.

인터넷으로 무엇이든지 검색할 수 있는 시대임에도 이 책을 집어 든 여러분은 회사의 경영을 책임지는 입장에 있거나 어느 기업에 투자할지 고민하는 등 단순히 결산서를 읽는 법뿐 아니라 '그 숫자가 의미하는 바'를 알고 싶어 하는 분일 거라 생각합니다.

이 책은 그런 분들에게 일반적으로 결산서라 불리는 기본적인 '재무3표(재무상태표 · 손익계산서 · 현금흐름표)' 읽는 법을 비롯해, 재무지표와 기업의 수익구조를 읽어 내는 법 등에 대해 설명하고 있습니다.

수익성, 생산성, 안정성, 성장성 등 기업의 경제활동을 이해하고 판단하는 힘을 키움으로써 각자의 입장에서 선택해야 하는 길을 찾을 수 있을 것입니다.

다만, 결산서를 읽을 수 있게 된 뒤에 주의할 점이 있습니다. 결산서 및 결산서에 대한 설명을 다 읽었다고 해서 모든 걸 안다고 생각하면 안 된다는 것입니다. 기업에 따라 원가를 어느 항목에 계상하는지 등이 다르기 때문입니다. 이 점을 바르게 이해하지 못하고 잘못된 인식을 가져 버리면, 뜻하지 않게 잘못된 판단을 할 가능성이 있습니다. 읽을 줄 안다고 해서 방심하지 않기를 바랍니다. 이 책에서 설명한 기업의 결산서를 비롯해 재무제표를 많이 읽다 보면 자연스럽게 결산서를 읽는 능력이 생길 것입니다. 또한 기업의 결산서를 읽을 때는 결산서뿐 아니라 각 기업이 마련한 결산개요도 함께 살펴보면 더 많은 정보를 얻을 수 있습니다.

끝으로, 결산서 읽는 법을 알고 싶어 하는 분들이 각자의 목적을 달성하는 데 이 책이 도움이 되기를 진심으로 기원합니다.

고미야 가즈요시

기업의 수익 구조를
낱낱이 파헤친다!

보이는 노트
재무제표

Contents

Chapter1
결산서 구조의 기본

- - - - - - - - - - - - - - - - -

Chapter3
재무지표를 보면
'수익구조'를
알 수 있다

- - - - - - - - - - - - - - - - - -

Chapter4
성장 기업의
결산서를 살펴보자

Chapter5
해외 메가테크 기업의 결산서를 살펴보자

Chapter7
적자 기업의 '실패 원인'을 분석해 보자

- - - - - - - - - - - - - - - -

※이 책에 실린 정보는 2020년 7월 기준 각 기업의 결산 정보를 참조했습니다.

재무상태표로
알 수 있는 것

결산서를 구성하는 3개의 표 중 하나인 '재무상태표'를 통해 읽어 낼 수 있는 것은?

토막해설

재무상태표는 **'회사의 재산'**(왼쪽)과 **'그 재산의 밑천'**(오른쪽)을 나타내며,
자산과 부채의 비율로 경영 상태를 파악할 수 있다.

Point
1

'자산'은
회사의 재산

재고상품이나 예금
같은 유동자산과, 제
품을 생산하는 공장
이나 점포 등의 고정
자산으로 분류된다.

자산	전기(직전 회계연도)	당기(현재 회계연도)
유동자산		
현금 및 예금	102,345	159,190
받을어음 및 외상매출금	24,818	27,880
상품 및 제품	59,184	61,203
제작 중인 제품	153	182
원재료 및 저장품	3,570	4,127
기타	20,969	11,010
대손충당금	–	△ 4
유동자산 합계	211,042	263,589
고정자산		
유형고정자산		
건물 및 구축물	210,723	215,908
감가상각누계액	△ 94,855	△ 104,359
건물 및 구축물(순액)	115,868	111,548
기계장치 및 운반구	12,435	13,511
감가상각누계액	△ 8,746	△ 9,798
기계장치 및 운반구(순액)	3,689	3,713
공구, 기구 및 부품	17,489	19,686
감가상각누계액	△ 9,446	△ 10,615
공구, 기구 및 부품(순액)	8,042	9,071
토지	171,342	173,010
리스 자산	3,697	3,776
감가상각누계액	△ 1,554	△ 1,752
리스 자산(순액)	2,143	2,023
사용권 자산	–	5,742
감가상각누계액	–	△ 1,212
사용권 자산(순액)	–	4,529
건설 가계정	955	3,489
유형고정자산 합계	302,041	307,387
무형고정자산	18,857	24,599
투자기타자산	87,344	87,670
고정자산 합계	408,244	419,657
자산 총계	619,286	683,247

※단수 차이 및 일부 생략 있음

자세한 내용은 42~47쪽에

출처: 주식회사 니토리 홀딩스(2020년 2월 기준 결산 단신)

Point 2

'부채'는 상환 의무가 있는 자본

은행에서 빌린 돈 등 수중에 자본으로 가지고는 있지만 언젠가 갚아야 하는 돈.

Point 3

'순자산'은 상환 의무가 없는 자본

주주 출자분, 사업으로 벌어들인 수익 등 상환 의무 없이 사용할 수 있는 돈.

Point 5

위에서부터 '현금화하기 쉬운' 순서로 나열

항목을 나열하는 순서는 위로 갈수록 현금화하기 쉽고, 아래로 갈수록 현금화하기 어려운 것으로 되어 있다.

(단위: 백만 엔)

부채	전기(직전 회계연도)	당기(현재 회계연도)
유동부채		
지급어음 및 외상매입금	20,956	19,774
단기차입금	2,639	2,787
리스채무	187	1,554
미지급금	23,752	22,923
미지급법인세 등	19,472	20,224
기타	21,444	23,420
유동부채합계	95,016	97,063
고정부채		
장기차입금	6,028	4,000
리스채무	1,956	6,714
임원퇴직위로충당금	228	228
퇴직급여에 관계된 부채	3,202	1,343
자산제거채무	5,365	5,673
기타	7,296	7,361
고정부채 합계	24,078	25,322
부채 총계	119,094	122,385
순자산(자본)		
주주자본		
자본금	13,370	13,370
자본잉여금	19,841	25,074
이익잉여금	472,755	532,471
자기주식	△ 7,727	△ 10,875
주주자본 합계	498,240	560,042
기타 포괄이익 누계액		
기타 유가증권 평가차액금	947	750
환환산조정 계정	901	161
퇴직급여에 관계된 조정 누계액	△ 367	△ 382
기타 포괄이익 누계액 합계	1,481	529
신주예약권	470	289
순자산 합계	500,192	560,861
부채 및 자본 총계	619,286	683,247

Point 4

왼쪽과 오른쪽의 합계는 같아진다

회사가 조달한 돈(오른쪽)은 반드시 사용처(왼쪽)를 나타내야 하기 때문에, 재무상태표의 좌우 합계 금액은 같아야 한다.

11

손익계산서로
알 수 있는 것

재무3표 중 하나인 손익계산서에는 5가지 이익이 나와 있다.

토막해설

맨 위에 기재된 매출액에서 밑으로 비용을 차감해 나가면 최종적으로 **회사가 1년 동안 얻은 이익**을 알 수 있다.

Point 1

기본은 '위에서 아래로'

위에서부터 차례로 비용을 제하고 수익을 더해 가면서, 단계적으로 5가지 이익을 기재한다.

Point 2

세분화함으로써 원인을 파악하기 쉽다

이익과 비용, 손실 등의 수입과 지출을 세분화함으로써 실적이 좋거나 나쁠 때, 전기(前期)와 어떤 점이 다른지 분석하기 쉽다.

이익 ① 매출총이익(마진)=매출액-매출원가

이익 ② 영업이익=매출총이익-판매비 및 관리비(판관비)

이익 ③ 경상이익=영업이익+영업외수익-영업외비용

이익 ④ 세금 등 조정 전 당기순이익(세전 당기순이익)

=경상이익+특별이익-특별손실

이익 ⑤ 당기순이익=세금 등 조정 전 당기순이익-법인세·주민세 등

※한국의 경우, 2007년에 국제회계기준(IFRS)을 따라 '특별손익'을 폐지하면서 '경상손익' 항목도 없어졌다. '경상이익'은 '계속사업이익'으로 일괄 처리하며, '세금 등 조정 전 당기순이익(세전 당기순이익)' 또한 '법인세비용 차감 전 순이익'으로 처리한다.

자세한 내용은 48~55쪽에

(단위: 백만 엔)

	전기	당기
매출액	608,131	642,273
매출원가	276,709	287,909 ← **Point 1**
이익 ❶ **매출총이익**	331,421	354,364
판매비 및 관리비	230,642	246,886
이익 ❷ **영업이익**	100,779	107,478
영업외수익		
수취이자	481	522
수취배당금	37	36
환차익	95	–
자동판매기 수입	246	247
유가물 매각익	390	374
지분법에 의한 투자이익	511	588
기타	797	706
영업외수익 합계	2,561	2,476
영업외비용		
지급이자	101	283
환차손	–	24 ← **Point 2**
기타	185	124
영업외비용 합계	286	432
이익 ❸ **경상이익**	103,053	109,522
특별이익	102	626
특별손실	2,665	5,078
이익 ❹ **세금 등 조정 전 당기순이익**	100,490	105,069
법인세, 주민세 및 사업세	33,813	34,979
법인세 등 조정액	△1,504	△1,304
법인세 등 합계	32,309	33,674
이익 ❺ **당기순이익**	68,180	71,395
모회사 주주에게 귀속되는 당기순이익	68,180	71,395

※단수 차이 및 일부 생략 있음

출처: 주식회사 니토리 홀딩스(2020년 2월 기준, 결산 단신)

현금흐름표로
알 수 있는 것

재무3표 중 하나인 현금흐름표로 현금의 유출입을 알 수 있다.

현금흐름표는 회계기간 동안의 돈의 흐름과 증감 이유를 보여 주는 재무제표이다.
당기 초에 얼마의 현금이 있었고, 당기 말에 얼마가 남았는지를 알 수 있다.

Point 1

영업현금흐름은
사업에 의한 돈의 움직임

회사의 사업활동으로 순조롭게 현금을 창출했는지 알 수 있다. 현금흐름 중에서
도 가장 중요한 부분이다.

Point 2

투자현금흐름은
투자에 의한 돈의 움직임

고정자산이나 유가증권의 취득과 매각 같은 투자활동에 의한 현금 출입을 알 수
있다. 투자는 일반적으로 돈의 유실이므로 마이너스(−)가 된다.

Point 3

재무현금흐름은
차입과 상환에 의한 돈의 움직임

은행 등 금융기관으로부터의 차입과 상환, 주식과 사채 발행에 의한 현금 출입을
알 수 있다. 마이너스일수록 현금 사정이 윤택하다고 할 수 있다.

Point 4

3가지 현금흐름을 합계해
현금 잔고를 확인

3가지 현금흐름으로 당기 현금의 증감을 계산한 후, 당기 초 시점의 현금 잔고와
합하면 최종적으로 기말의 현금 잔고가 나온다.

자세한 내용은 56~61쪽에

(단위: 백만 엔)

	전기	당기
영업활동에 의한 현금흐름		
세금 등 조정 전 당기순이익	100,490	105,069
감가상각비	14,218	16,561
감액손실	653	4,090
미납소비세 등의 증감액(△는 감소)	509	1,011
기타	5,933	1,573
소계	111,892	119,615
이자 및 배당금 수취액	569	1,214
이자 지급액	△98	△280
위약금 수취액	–	307
퇴점 위약금 등의 지급액	△48	△286
법인세 등의 납부액	△41,125	△34,112
법인세 등의 환부액	10,474	9,856
영업활동에 의한 현금흐름	81,664	96,316

Point 1

투자활동에 의한 현금흐름		
정기예금 예입에 의한 지출	△1,694	△18,374
정기예금 환급에 의한 수입	1,679	2,285
유형고정자산 취득에 의한 지출	△22,363	△17,482
유형고정자산 매각에 의한 수입	239	517
무형고정자산 취득에 의한 지출	△5,788	△6,528
대부에 의한 지출	△132	△296
대부금 회수에 의한 수입	35	36
기타 지출	△15	△5
투자활동에 의한 현금흐름	△30,424	△41,464

Point 2

재무활동에 의한 현금흐름		
단기차입에 의한 수입	287	88
배당금 지급액	△10,527	△11,663
자기주식 매각에 의한 수입	–	5,009
스톡옵션 행사에 의한 수입	1,094	1,006
재무활동에 의한 현금흐름	△11,340	△13,862

Point 3

현금 및 현금성자산에 관계된 환산차액	△768	△250
현금 및 현금성자산의 증감액(△는 감소)	39,130	40,737
현금 및 현금성자산의 기초잔고	60,923	100,053
현금 및 현금성자산의 기말잔고	100,053	140,791

Point 4

출처 : 주식회사 니토리 홀딩스(2020년 2월 기준. 결산 단신)

売上総利益
売上原価

営業利益
販管費

Chapter

결산서 구조의 기본

IoT

결산서는 비즈니스맨이라면 자주 듣는 단어입니다. 애당초 결산서란 어떤 것이며, 무엇을 위해 있는 것일까요. 이 장에서는 결산서의 기본에 대해 기초부터 설명하겠습니다. 기초를 탄탄하게 다지는 것이 결산서를 술술 읽어 내기 위한 첫걸음입니다!

01 애당초 결산서는 무엇을 위한 서류인가?

결산서는 특정 기간 동안의 회사의 재무상황을 나타내는 것으로, 이해관계자들로부터 신뢰와 협력을 얻기 위한 중요한 도구이기도 합니다.

원래 '결산'이란 **특정 기간 동안 회사가 돈을 얼마나 벌었는지, 혹은 얼마나 손해를 봤는지** 등의 경영성적을 명확하게 하기 위한 절차를 말합니다. '결산서'는 결산을 통해 명확해진 재무상태를 보고하기 위해 작성하는 서류로, 이를테면 **회사의 성적표** 같은 것입니다. 또한 결산서는 제출하는 목적에 따라 명칭이 달라지는데, 회사법에서는 계산서류, 금융상품거래법(한국의 자본시장법에 해당하는 법률—편집자 주)에서는 재무제표라고 부릅니다.

결산서의 존재 의의

만드시오!

회사법, 세법, 금융상품거래법

의무①
법률로 정해져 있다
회사는 결산 서류를 만들어야 한다고 법률로 정해져 있다.

이 회사 제품을 계속 쓰고 싶어!

대가

상품

노동

급여

고객

우리 회사는 안 망하겠지?

종업원

앞에서 말한 것처럼 계산서류는 회사법에서 부르는 명칭입니다. 회사법이라는 법률에 의해, 주식회사는 계산서류, 다시 말해 결산서를 만드는 것이 의무로 정해져 있습니다. 이에 반해 재무제표는 회사의 재정상황을 **스테이크홀더**라 불리는 '이해관계자'에게 보고하기 위한 것입니다. 스테이크홀더에는 거래처와 출자자도 포함되므로, **재무제표를 통해 '경영의 건전성'을 보여 주고 기업으로서 신뢰를 얻을 수 있습니다.**

02 결산서를 읽으면 얻을 수 있는 장점은?

결산서를 읽을 줄 알면, 개인의 주관이나 회사의 이미지에 좌우되는 일 없이 그 회사가 가진 진짜 사업능력을 숫자를 통해 객관적으로 파악할 수 있습니다.

18쪽에서도 언급했다시피 결산서는 회사의 성적표와 같은 것입니다. 일정 기간(이것을 회계기간이라고 부릅니다) 동안 회사가 무엇을 해서 얼마나 벌었는 지 혹은 손해를 봤는지 알 수 있습니다. '대중 매체에 자주 등장하는 유명한 회사지만 결산서를 보니까 망하기 일보 직전'이라는 것도 알 수 있으므로, **대외 이미지에 현혹되지 않고 그 회사의 진짜 실력을 객관적으로 평가할 수 있습니다.**

결산서를 못 읽으면…

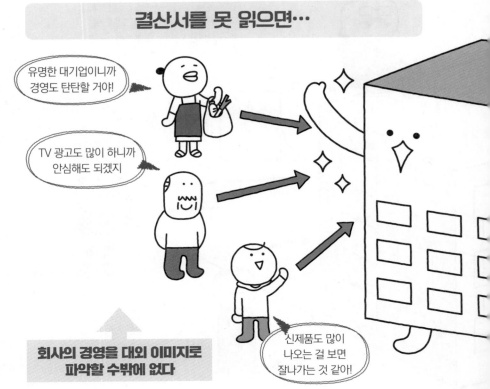

유명한 대기업이니까 경영도 탄탄할 거야!

TV 광고도 많이 하니까 안심해도 되겠지

신제품도 많이 나오는 걸 보면 잘나가는 것 같아!

회사의 경영을 대외 이미지로 파악할 수밖에 없다

결산서는 성적표일 뿐 아니라 **회사의 건강진단서**라고도 할 수 있습니다. 경영 상태가 좋은지 나쁜지 수치로 알 수 있으며, 그 원인 또한 결산서를 보면 파악할 수 있습니다. 성적표이자 건강진단서인 결산서를 살펴봄으로써 회사 내부인이라면 경영의 문제점과 개선점을 알 수 있고, 외부인이라면 투자나 융자를 할 가치가 있는 회사인지 아닌지 객관적으로 판단할 수 있습니다.

03 먼저 3가지 결산서의 역할에 대해 알아보자

결산서(재무제표)에서 가장 중요한 3가지 표만 알게 되면 결산서를 읽을 수 있습니다.

결산서를 읽기 전에, 먼저 결산서가 어떤 서류들로 구성되는지를 알 필요가 있습니다. 결산서(재무제표)를 대표하는 주요 3가지로 **재무상태표, 손익계산서, 현금흐름표**가 있습니다. 이 3개의 표를 합쳐 **재무3표**라고 부르는데, 재무3표를 읽을 줄 알면 **재무제표의 내용을 이해할 수 있습니다.**

대표적인 결산서 3종류

? ¥ 재무 ? 부채 ? 순자산 Profit

회사의 자산, 부채, 순자산 상황을 알 수 있다.

재무상태표

▶️ 회사의 **안정성**을 알 수 있다

손익계산서는 회사의 수익성을 나타내는 표로서, 회계기간 동안 얼마나 이익과 손실을 봤는지 기재되어 있습니다. 손익계산서의 영어식 표현인 'Profit and Loss Statement'를 줄여 'P/L'이라고도 부릅니다. 재무상태표는 결산일 현재 회사의 재무상태를 기재한 것으로, 그 회사의 안정성을 나타낸다고 할 수 있습니다. 'Balance Sheet'를 줄여 'B/L'이라고도 부릅니다. 현금흐름표는 회계기간 동안의 현금 출입을 보여 줍니다. 손익계산서와 재무상태표로는 알 수 없는 현금의 흐름이 나와 있으므로 회사의 성장성을 파악할 수 있습니다. 'Cash Flow Statement'를 줄여 'C/S'라고도 부릅니다. 이익이 계상되어도 실제로 돈이 들어오는 것은 몇 달 뒤이므로, 손익계산서상으로는 흑자지만 현금이 없어 도산하는 '흑자도산'의 이유 등도 C/S를 보면 잘 알 수 있습니다.

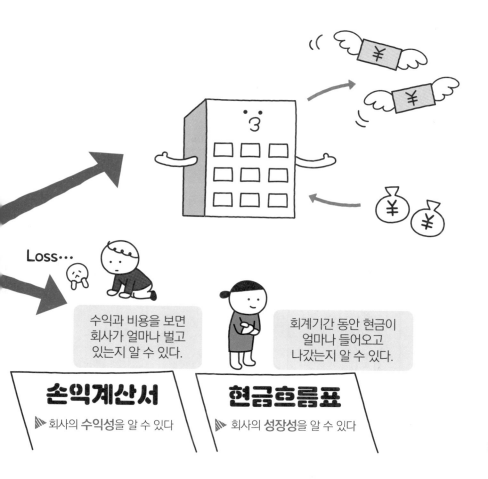

Loss…

수익과 비용을 보면
회사가 얼마나 벌고
있는지 알 수 있다.

회계기간 동안 현금이
얼마나 들어오고
나갔는지 알 수 있다.

손익계산서

▶ 회사의 **수익성**을 알 수 있다

현금흐름표

▶ 회사의 **성장성**을 알 수 있다

04

손익계산서를 보면 회사의 수익을 알 수 있다

그 회사가 얼마나 이익을 냈는지를 보여 주는 서류인 손익계산서에서는 5가지 이익을 다룹니다.

5가지 이익

매출액에서 비용을 차례로 빼 나가면 매출총이익, 영업이익, 경상이익, 세금 등 조정 전 당기순이익, 당기순이익의 5가지 이익이 계상된다.

⊖ 매출원가

⊖ 판매비 및 관리비

매출액
상품과 서비스를 판매해 번 돈

이렇게 많이 팔렸구나!

매출총이익
매출액에서 매출원가를 뺀 이익

영업이익
매출총이익에서 '판매비 및 관리비', 즉 판관비를 빼고 남은 이익

판관비에는 광열비와 광고선전비 등이 있어요!

※소매업계에서는 '마진'이라고 부르기도 한다.

손익계산서는 회사가 회계기간 동안 얼마나 이익을 냈는지를 기재한 서류입니다. 많은 회사가 결산기간을 보통 1년으로 설정하고 있습니다. 법인세법에 의해 1년을 넘기는 것은 인정되지 않지만, 더 짧게 할 수는 있습니다. 이익은 수익(매출)에서 비용(경비)을 빼 산출합니다. 이 **'수입-비용=이익'이 손익계산서의 기본으로, 손익계산서 안에서 이 계산을 반복해 최종적인 이익을 산출하는** 것입니다. 손익계산서에서 다루는 것은 **5가지 이익**입니다. '매출총이익'은 마진이라고도 불리며 매출액에서 매출원가를 뺀 것이고, '영업이익'은 매출총이익에서 판관비를 뺀 것입니다. '경상이익'은 영업이익에 이자와 배당금 등을 더하거나 뺀 것입니다. '세금 등 조정 전 당기순이익'은 경상이익에 임시로 생긴 손익을 더하고 뺀 것, '당기순이익'은 세금 등 조정 전 당기순이익에서 세금을 뺀 것입니다.

※한국은 2007년에 국제회계기준(IFRS)을 도입하면서 '특별손익'과 '경상손익' 항목을 폐지했다.

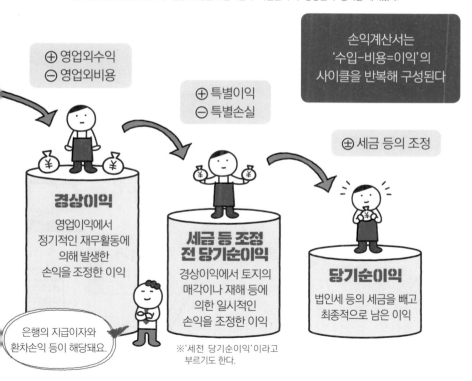

⊕ 영업외수익
⊖ 영업외비용

⊕ 특별이익
⊖ 특별손실

⊕ 세금 등의 조정

손익계산서는
'수입-비용=이익'의
사이클을 반복해 구성된다

경상이익
영업이익에서
정기적인 재무활동에
의해 발생한
손익을 조정한 이익

은행의 지급이자와
환차손익 등이 해당돼요.

**세금 등 조정
전 당기순이익**
경상이익에서 토지의
매각이나 재해 등에
의한 일시적인
손익을 조정한 이익

당기순이익
법인세 등의 세금을 빼고
최종적으로 남은 이익

※'세전 당기순이익'이라고
부르기도 한다.

05 회사의 전체 재산 상태를 나타내는 재무상태표

재무상태표는 그 회사가 가진 재산의 내용을 보여 줍니다. 빌린 돈과 자기 돈의 비율이 어느 정도인지 알 수 있습니다.

그 회사의 재정 상태를 알 수 있는 재무상태표는 **자산**, **부채**, **순자산**이라는 3가지 항목으로 구성됩니다. 즉, 그 회사의 재산(자산) 중 빌린 돈(부채)과 진짜 자기 자산(순자산)의 비율을 알 수 있습니다. 재산이 많아도, 그 재산이 대부분 상환 의무가 있는 부채라면 그 회사는 건전하다고 할 수 없습니다. 이렇듯 **재무상태표는 그 회사의 안정성도 보여 주고** 있습니다.

재무상태표의 구성

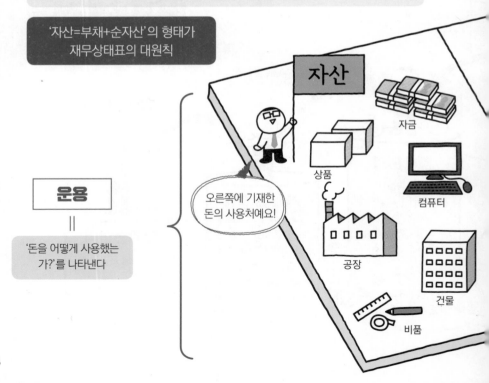

'자산=부채+순자산'의 형태가
재무상태표의 대원칙

운용

||

'돈을 어떻게 사용했는가?'를 나타낸다

자산

오른쪽에 기재한 돈의 사용처예요!

자금

상품

컴퓨터

공장

건물

비품

재무상태표는 표 왼쪽에 현금, 유가증권, 토지, 건물 같은 자산이 기재되고, 오른쪽에 부채(은행 등에서 빌린 돈)와 순자산(자기자본)이 기재됩니다. 부채와 순자산을 더한 금액은 자산 총액과 같아집니다. 표 왼쪽과 오른쪽의 금액이 같아져 양쪽에 똑같은 무게가 놓인 시소처럼 균형이 맞춰지므로, 재무상태표는 밸런스 시트(Balance Sheet, B/S)라고도 불립니다.

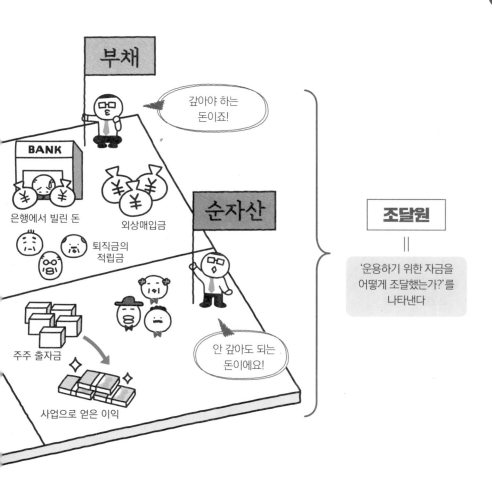

06

현금의 흐름을 알 수 있는 현금흐름표

손익계산서의 내용이 실제 현금의 움직임과 일치하지는 않으므로, 현금흐름표가 필요해집니다.

현금흐름표가 필요한 이유는, 손익계산서만 봐서는 회계기간 동안 그 회사의 현금이 얼마나 증감했는지 그 흐름을 알 수 없기 때문입니다. 예를 들어 A사가 B사에 상품을 납품하면, 그 시점에 매출이 계상됩니다. 하지만 **입금이 몇 달 뒤에 이루어진다면, 매출이 설령 1억 엔이라 해도 그때까지 A사의 현금은 한 푼도 늘어나지 않습니다.**

현금흐름표의 필요성

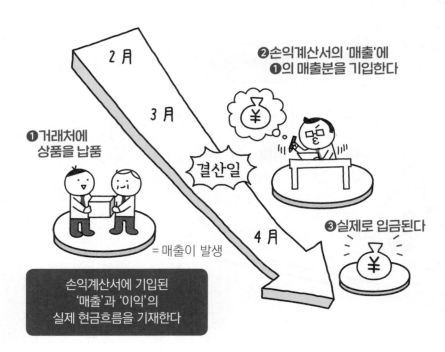

2 月

3 月

4 月

결산일

❶거래처에
상품을 납품

= 매출이 발생

❷손익계산서의 '매출'에
❶의 매출분을 기입한다

❸실제로 입금된다

손익계산서에 기입된
'매출'과 '이익'의
실제 현금흐름을 기재한다

현금흐름표에 게재되는 현금흐름은 **영업현금흐름**, **투자현금흐름**, **재무현금흐름**의 3가지로 나누어집니다. 영업현금흐름은 그 회사의 통상적인 영업으로 발생하는 현금의 증감입니다. 투자현금흐름은 투자로 발생하는 현금 증감, 재무현금흐름은 재무활동(은행 융자, 주주 배당금 지급, 차입금 상환 등)으로 발생하는 현금의 증감을 가리킵니다.

3가지 현금흐름

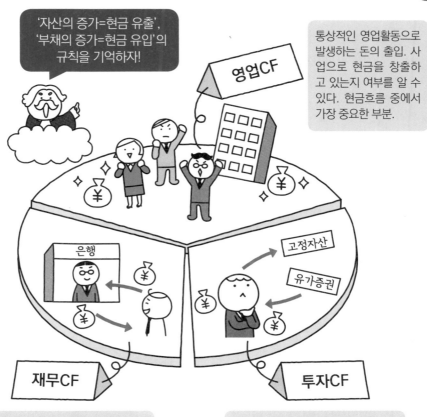

'자산의 증가=현금 유출', '부채의 증가=현금 유입'의 규칙을 기억하자!

통상적인 영업활동으로 발생하는 돈의 출입. 사업으로 현금을 창출하고 있는지 여부를 알 수 있다. 현금흐름 중에서 가장 중요한 부분.

영업CF

은행

재무CF

투자CF

고정자산

유가증권

재무활동에 의한 돈의 출입. 금융기관으로부터의 차입과 상환, 주식 발행 같은 재무활동으로 어느 정도의 자금을 얻었는지 보여 준다.

투자활동에 의한 돈의 출입. 기업이 어디에 돈을 얼마나 투자하고, 자산을 매각했는지 알 수 있다.

07 그룹 전체를 하나의 회사로 간주하는 연결결산

상장기업은 대부분 관련회사를 소유하고 있습니다. 이런 그룹을 합쳐 하나의 기업으로 생각하고 행하는 결산이 연결결산입니다.

모회사와 자회사를 '합쳐서 하나의 회사'로 간주하고 행하는 결산을 **연결결산**이라고 하며, 그렇게 작성된 결산서가 연결결산서입니다. 이에 반해 회사별로 따로 행하는 결산을 **별도결산**이라고 합니다. 연결결산과 별도결산은 결산 방법에 큰 차이가 있는 것은 아니지만, 별도결산의 경우는 그룹 내의 회계조작 부정을 간파하기 어렵다는 문제점이 있습니다.

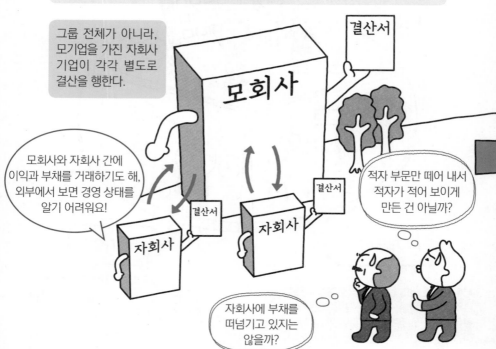

주식을 상장한 기업은 대부분 관련회사를 세워 사업을 확장합니다. **투자자와 채권자는 연결결산서가 있으면 그 기업 그룹 전체의 경영 상태를 정확히 파악할 수 있으므로, 투자 혹은 융자 여부를 판단하는 자료**가 됩니다. 또한 모회사와 자회사 모두 주식을 상장한 케이스도 있습니다. 이 경우, 모회사의 연결결산서 일부가 자회사의 연결결산서가 됩니다.

연결결산

모회사와 자회사를 합친 기업 그룹을 '하나의 기업'으로 간주하고 합산해 결산을 행한다.

모회사와 자회사 간의 거래는 계상되지 않는다!

그룹 전체의 경영 상태가 잘 보이는군!

그룹 전체적으로 계정과목이 합산되므로, 실제 경영 상태를 알기 쉽다!

연결결산서로 전체를 본 뒤에, 필요에 따라 별도결산서를 보면 개별적으로도 체크할 수 있지!

08

일본에서도 널리 쓰이기 시작한 국제회계기준

글로벌 경제 시대에 맞춰 세계 공통의 회계규칙인 국제회계기준(IFRS)을 도입하는 기업이 늘고 있습니다.

결산서는 회계기준이라 불리는 규칙에 따라 작성됩니다. 일본에서 사용되는 회계기준은 일본회계기준, 미국회계기준, **국제회계기준(IFRS)**, J-IFRS의 4종류입니다. IFRS는 국제회계기준위원회에서 만든 것으로, EU에서는 2005년 상장기업에 대해 적용이 의무화되었습니다. 일본에는 2010년부터 도입되었고, 이 IFRS를 국내 실정에 맞게 조정한 것이 J-IFRS입니다.

IFRS는 왜 필요한가?

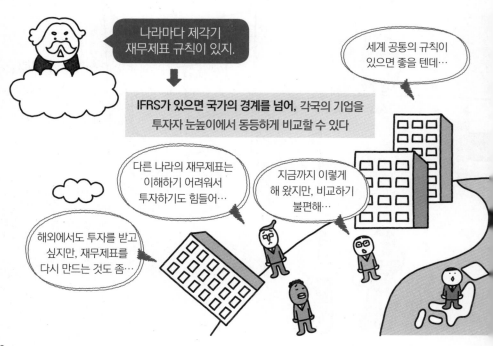

나라마다 제각기 재무제표 규칙이 있지.

세계 공통의 규칙이 있으면 좋을 텐데…

IFRS가 있으면 국가의 경계를 넘어, 각국의 기업을 투자자 눈높이에서 동등하게 비교할 수 있다

다른 나라의 재무제표는 이해하기 어려워서 투자하기도 힘들어…

지금까지 이렇게 해 왔지만, 비교하기 불편해…

해외에서도 투자를 받고 싶지만, 재무제표를 다시 만드는 것도 좀…

결산서 구조의 기본

IFRS를 도입하면 세계 공통의 규칙을 따르게 되므로, 해외 진출 시 경영관리와 자금조달이 쉬워진다는 장점이 있습니다. IFRS에는 원칙주의(개념의 근간이 되는 원리·원칙만을 제시하며, 세세한 규칙은 정해져 있지 않다), 재무상태표 중시(장차 현금흐름을 창출할 수 있는 자산 상황인지의 여부를 보여 주기 위해), 글로벌 기준 등의 특징이 있습니다.

IFRS의 특징이란

원칙주의

규정이 적고 자유도가 높다. 그만큼 근거를 제시하기 위해 주석을 다는 경우가 많다. 반면, 일본의 회계기준은 세세한 규정이 많다.

앞으로는 일본에서도 IFRS가 표준이 될 것 같아!

글로벌 기준

전 세계에서 공통적으로 사용하는 것이 목적이므로, 각국의 독자적인 세무규칙 등은 포함되지 않는다. 정의도 영어로 되어 있다.

재무상태표 중시

미래 현금흐름의 현재가치를 나타내는 재무상태표가 중시된다. 일본의 회계기준에서는 손익계산서가 중시된다.

09

일본회계기준과 IFRS의 5가지 차이

국제회계기준(IFRS)을 따르는 결산서는, 매출을 계상하는 타이밍을 비롯해 여러 가지 점에서 일본회계기준과는 다릅니다.

일본회계기준과 국제회계기준(IFRS)의 차이에는 5가지 중요한 포인트가 있습니다. 첫 번째 포인트는 매출을 계상하는 시점입니다. 일본회계기준에서는 제품이 자사에서 출하된 시점에 매출을 계상하지만, IFRS에서는 구매자에게 입하·검수된 시점에 매출을 계상합니다. 두 번째 포인트는 이익과 세금을 다루는 방식입니다. IFRS에서는 자사에 실제로 들어오는 금액만을 매출로 계상하며, 여기에 외주비와 세금은 포함되지 않습니다.

일본회계기준과 IFRS의 구성요소 차이

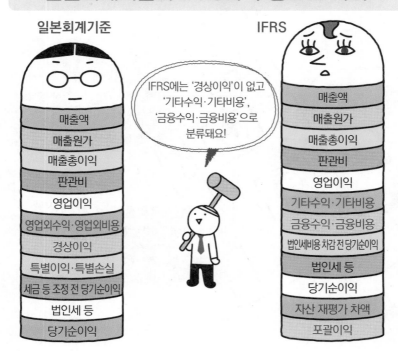

일본회계기준

| 매출액 |
| 매출원가 |
| 매출총이익 |
| 판관비 |
| 영업이익 |
| 영업외수익·영업외비용 |
| 경상이익 |
| 특별이익·특별손실 |
| 세금 등 조정 전 당기순이익 |
| 법인세 등 |
| 당기순이익 |

IFRS에는 '경상이익'이 없고 '기타수익·기타비용', '금융수익·금융비용'으로 분류돼!

IFRS

| 매출액 |
| 매출원가 |
| 매출총이익 |
| 판관비 |
| 영업이익 |
| 기타수익·기타비용 |
| 금융수익·금융비용 |
| 법인세비용 차감 전 당기순이익 |
| 법인세 등 |
| 당기순이익 |
| 자산 재평가 차액 |
| 포괄이익 |

세 번째 포인트는 이익과 비용의 구분입니다. 24쪽에서 설명한 것처럼 일본 회계기준은 손익계산서의 5가지 이익과 거기서 제하는 비용의 구분이 정해 져 있지만, IFRS는 다릅니다. 네 번째 포인트는 대차대조표(B/S)의 명칭으로, IFRS에서는 **재무상태표**라고 부릅니다. 다섯 번째 포인트는 '**영업권**(기업 매수 시에 발생하는 무형고정자산)'의 상각 방법의 차이로, IFRS에서는 정기 상각 이 불필요해집니다.

일본회계기준과 다른 IFRS의 5가지 포인트

'경상이익이 없고', '사업활동과 재무활동의 손익을 구분'하며, '포괄이익을 도입'하여 예외 사항의 기재가 없어져 영업이익이 회사의 실태를 더 잘 반영하며, 주식과 채권의 변동에 의한 즉시적인 손익도 계산된다.

※포괄이익: 회사가 가진 주식과 채권 등의 가격 변동, 환차손익 등도 반영한 이익.

이익과 비용의 구분이 다르다

이익   비용

일본회계기준에서는 '거래처에 상품 및 서비스를 제공한' 시점에, IFRS에서는 '대금이 지불된 것을 확인한' 시점에 매출이 계상된다. 가공한 매출을 계상하기 어려워 결산서의 신뢰성이 높아진다.

대차대조표가 '재무상태표'로

재무상태표   대차대조표

대차대조표의 명칭이 '재무상태표'로 변경되었으며, 표에 기재하는 자산·부채의 순서와 구분 명칭 등도 달라진다. 단, 그것들이 달라져도 계상되는 자산·부채의 종류에 큰 차이는 없다.

매출을 계상하는 시점

외주비와 세금은 매출에서 제외

IFRS는 하청 회사에 지급하는 외주비와, 담배나 술에 매겨지는 세금 등을 처음부터 매출액에서 제한다. 일본회계기준은 이 금액을 매출원가로 잡아 나중에 빼기 때문에 각각의 기준으로 계산한 최종적인 매출총이익은 크게 다르지 않다.

영업권은 상각하지 않는다

일본회계기준에서는 '영업권'을 상각하지만, IFRS에서는 피매수기업의 실적에 변화가 있는 경우 그때그때 영업권의 가치를 재검토한다.

※영업권: 기업 매수 시에 발생하는, 피매수기업의 재무상태표상의 가치와 실제 지불액의 차액.

결산서를 손에 넣는 3가지 방법

어떤 기업의 경영 상태를 알기 위한 가장 좋은 방법은 결산서를 보는 것입니다. 그렇다면 결산서는 어디서 구할 수 있을까요?

상장기업이라면 오른쪽 페이지에서 소개하는 방법으로 결산서를 볼 수 있습니다. 비상장기업이라도 규모가 큰 회사의 경우, '회사사계보(会社四季報, 일본에서 분기별로 발간되는 기업 정보지로, 기업의 재무 상태에 대한 평가 및 전망 등이 정리되어 있다―편집자 주)'의 비상장회사 판을 체크해 보면 좋을 것입니다. 그 외 중소기업의 경우, 주주나 채권자가 개시청구를 하면 기업에는 개시의무가 생깁니다. 단, 법원 절차가 필요하므로 간편하다고 할 수는 없습니다. 주주나 채권자 외에도 융자를 행하는 은행, 신규 거래처, 사무실을 임대하는 임대인 등에게 신용을 얻기 위해 회사에서 결산서를 개시하는 일도 있습니다.

상장기업의 결산서는
누구나 쉽게 공짜로
구할 수 있어요!

❶ 기업 홈페이지

많은 상장기업의 공식 홈페이지에는 '주주·투자자 대상 정보', 'IR 정보'라고 적힌 항목이 있습니다. 그곳에 결산서가 게재되어 있으므로 다운로드해 열람할 수 있습니다. 결산서를 못 찾았다면, Google 등의 검색사이트에 '○○(기업명) IR'로 검색해 봅시다.

❷ EDINET

상장기업이라도 홈페이지에 결산서를 올리지 않기도 합니다. 그런 경우에는 EDINET(에디넷) 사이트를 체크합시다. EDINET이란 일본 금융청에서 운영하는 정보공개시스템으로(한국의 DART와 같은 일본의 기업정보 전자공시 사이트─편집자 주), EDINET에 결산서를 게재하는 것은 법적으로 상장기업의 의무이기 때문에 모든 상장기업의 결산서를 볼 수 있습니다.

❸ EDGAR

해외기업의 경우, 미국에 상장된 회사라면 EDGAR('에드가', 미국의 기업정보 전자공시 사이트─편집자 주)가 도움이 됩니다. 미국 증권거래위원회에서 운영하는 EDGAR는 온라인에 공개된 데이터베이스로, EDINET도 EDGAR를 모델로 만들어졌습니다. 미국 시장에 상장된 모든 기업의 재무정보를 체크할 수 있습니다. '10-K'라고 적힌 것이 결산서에 해당하는 연차결산보고서입니다.

Chapter

2

재무3표 읽는 법의 기본

결산서의 기본을 알았다면, 이번 장에서는 좀 더 구체적으로 결산서를 읽는 법에 대해 설명하겠습니다. 재무3표인 재무상태표, 손익계산서, 현금흐름표에 대해 각 표별로 항목과 계산 방법을 살펴봅시다.

01

재무3표는 서로 밀접하게 연결되어 있다

재무3표는 재무상태표, 손익계산서, 현금흐름표로 구성되며, 세세하게 구분된 항목을 통해 기업의 재무상태를 알 수 있습니다.

회사를 설립하려면 자본금이 필요합니다. 이 자본금은 재무상태표에 표시되어 있습니다. 회사가 사업을 시작하면 돈이 돌기 시작합니다. 사업활동에 의한 매출과 경비, 이익 등은 손익계산서에 기재되고, 실제 현금의 흐름은 현금흐름표에 정리됩니다. 이처럼 **재무3표는 별개로 존재하는 것이 아니라 서로 밀접하게 연결되어** 있습니다.

재무3표, 무엇을 볼까?

①안정성

자기자본비율에 따른 안정성, 자본과 차입금의 균형, 차입금 상환 능력, 장기적인 투자 상황 등을 통해 '도산 위험성'을 파악할 수 있다.

망할 위험은 없나?

재무 상태표

안정성　　수익성　　성장성

재무3표를 통해
3가지 포인트를 알 수 있다

재무3표에는 회사의 세 가지 면이 드러나 있습니다. 첫 번째는 '도산 위험이 있는가 없는가'라는 <u>**안정성**</u>으로, 재무상태표를 통해 파악할 수 있습니다. 두 번째는 '수익을 내고 있는가 아닌가'라는 <u>**수익성**</u>으로, 손익계산서를 통해 파악할 수 있습니다. 세 번째는 '장차 큰 회사가 될 수 있는가 없는가'라는 <u>**성장성**</u>으로, 현금흐름표를 통해 파악할 수 있습니다. 재무3표를 조합하면 그 회사의 재무상황이 보이기 시작합니다.

수익은
잘 내고 있나?

②수익성

그 회사와 다른 회사의 당기 실적을 비교해 실적이 좋은지 나쁜지 판단하고, '착실하게 수익을 내고 있는지'를 분석할 수 있다.

장차 큰 회사로
성장할 수 있을까?

③성장성

자금 융통을 위해 자산 매각 등을 행하지 않았는지 체크함으로써, '이 회사에 성장성이 있는지'를 판단할 수 있다.

손익
계산서

현금
흐름표

02

자산과 부채는 '유동'과 '고정'으로 나누어진다

재무상태표에 표시되는 회사의 자산과 부채는 모두 '유동'과 '고정'으로 나누어 기재됩니다.

재무상태표는 회사의 자산 상황을 나타낸 것입니다. 표 왼쪽에는 회사가 가진 자산이, 오른쪽에는 부채와 순자산이 기재되며, 왼쪽의 합계 금액과 오른쪽의 합계 금액은 반드시 같아집니다. 이것을 보면 자금을 어떻게 조달했는지 한눈에 알 수 있습니다. 따라서 **재무상태표는 오른쪽에서 조달한 돈을 왼쪽에서 다양한 자산의 형태로 운용하는 모습을 나타내고 있다고 할 수 있습니다.**

자산과 부채는 '유동'과 '고정'으로 나뉜다

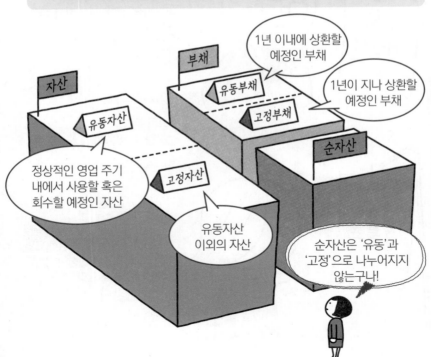

1년 이내에 상환할 예정인 부채

부채

유동부채

1년이 지나 상환할 예정인 부채

자산

유동자산

고정부채

순자산

정상적인 영업 주기 내에서 사용할 혹은 회수할 예정인 자산

고정자산

유동자산 이외의 자산

순자산은 '유동'과 '고정'으로 나누어지지 않는구나!

자산은 **유동자산**과 **고정자산**으로 나누어지며, 부채도 **유동부채**와 **고정부채**로 나누어집니다. 유동과 고정을 나누는 기준은 1년이라는 기간입니다(**1년의 원칙**). 1년 이내에 사용할 혹은 회수할 예정인 자산은 유동자산으로 분류됩니다(단, 1년이 넘더라도 통상의 영업 주기 내에서 사용하거나 회수할 예정인 경우는 유동자산으로 분류한다). 유동자산 이외의 자산은 고정자산입니다. 부채의 경우는 1년 이내에 상환할 예정인 것은 유동부채가 되고, 1년을 하루라도 넘길 예정인 것은 고정부채가 됩니다.

1년의 원칙

자산과 부채를 유동·고정으로 분류하기 위한 기준. 결산일 다음 날부터 **1년 이내에 입금·지급 기한**이 오는 것을 '유동', **1년이 지나 입금·지급 기한**이 오는 것을 '고정'으로 한다.

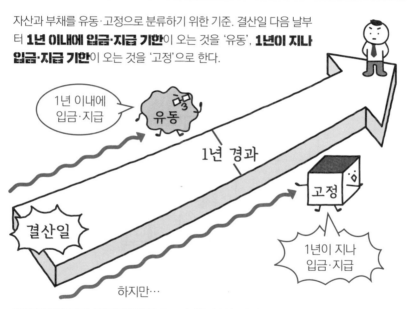

1년 이내에 입금·지급 — 유동

1년 경과

결산일

고정

1년이 지나 입금·지급

하지만…

	자산	부채
유동	정상적인 영업 주기 내에서 사용하거나 회수할 예정인 자산은 1년이 넘는 것이라도 유동자산이 된다('1년의 원칙' 적용 예외).	'1년의 원칙'이 엄격하게 지켜지며, 1년 이내에 상환할 예정인 부채는 모두 유동부채가 된다.
고정	유동자산으로 분류된 것 이외의 자산이 고정자산이 된다.	1년이 지나 상환할 예정인 부채는 모두 고정부채가 된다.

➡ 자산의 경우 '1년의 원칙'이 항상 적용되는 것은 아니다!

유동자산과 고정자산은 각각 3가지로 나누어진다

유동자산과 고정자산은 각각의 내용에 따라 3종류로 분류해 재무상태표에 기재합니다.

앞 페이지에서 설명한 유동자산은 **당좌자산**, **재고자산**, **기타자산**의 3종류로 분류됩니다. 1년 이내에 현금화되는 유동자산 중에서도 특히 현금화하기 쉬운 것이 당좌자산이며, 현금 외에도 예금과 외상매출금, 받을어음 등이 이에 해당됩니다. 재고자산은 말 그대로 재고입니다. 기타자산으로는 단기대부금 (상환 기간 1년 이내로 종업원이나 거래처 등에 빌려준 돈)이 있습니다.

유동자산으로 분류되는 것

➡ 1년 이내에 현금화할 수 있는 것

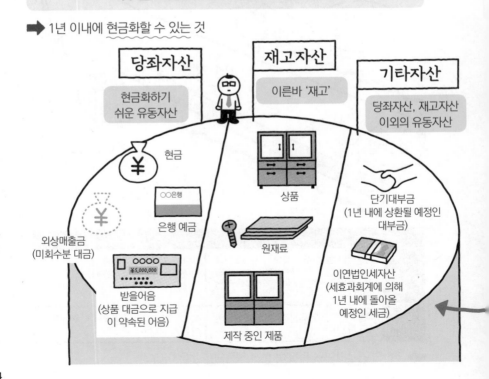

당좌자산
현금화하기 쉬운 유동자산

현금
○○은행
은행 예금
외상매출금 (미회수분 대금)
받을어음 (상품 대금으로 지급이 약속된 어음)

재고자산
이른바 '재고'

상품
원재료
제작 중인 제품

기타자산
당좌자산, 재고자산 이외의 유동자산

단기대부금 (1년 내에 상환될 예정인 대부금)
이연법인세자산 (세효과회계에 의해 1년 내에 돌아올 예정인 세금)

고정자산은 **유형고정자산**, **무형고정자산**, **투자 및 기타자산**으로 나누어집니다. 유형고정자산은 형태가 존재하는 것으로 토지, 건물, 기계장치 등을 말합니다. 무형고정자산은 형태가 없는 것으로 특허권, 상표권, 소프트웨어 등을 말하며, 투자 및 기타자산은 투자유가증권(1년 이상의 장기보유채권 등) 등입니다. 단기로 팔 유가증권은 당좌자산으로 분류됩니다.

고정자산으로 분류되는 것

➡ 1년 이내에 현금화할 수 없는 것

유형
고정자산

실체가 있는
고정자산

무형
고정자산

실체는 없지만
가치는 있는
고정자산

투자 및 기타
자산

장기 보유를
목적으로 가지고
있는 고정자산

건물

토지

기계장치

특허권

영업권

상표권

소프트웨어

채권

채권

주식
주식
주권

재무상태표의
왼쪽 부분이에요!

04

부채와 순자산은 무엇으로 구성되는가?

재무상태표 오른쪽에 기재되는 유동부채와 고정부채, 순자산은 다시 몇 가지 종류로 분류됩니다.

상환할 필요가 없는 밑천인 순자산. **순자산은 주주자본, 평가차액·환산차액, 비지배지분 등으로 구성됩니다.** 주주자본은 주주들로부터 모은 돈과, 사업으로 얻은 이익을 축적한 돈입니다. 평가차액·환산차액은 회사가 소유한 주식 등의 유가증권이 구입 당시보다 가격이 등락했을 때의 손익입니다. 비지배지분은 연결자회사의 주식 중 모회사가 소유하지 않은 지분을 말합니다.

순자산으로 분류되는 것

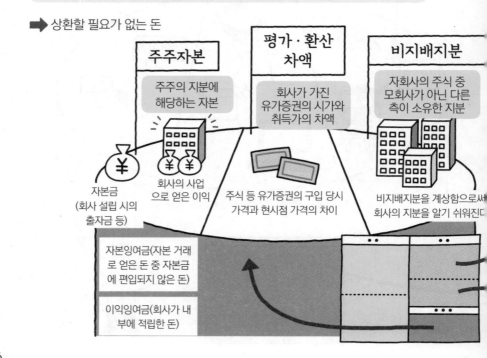

➡ 상환할 필요가 없는 돈

주주자본
주주의 지분에 해당하는 자본

평가·환산 차액
회사가 가진 유가증권의 시가와 취득가의 차액

비지배지분
자회사의 주식 중 모회사가 아닌 다른 측이 소유한 지분

자본금 (회사 설립 시의 출자금 등)

회사의 사업으로 얻은 이익

주식 등 유가증권의 구입 당시 가격과 현시점 가격의 차이

비지배지분을 계상함으로써 회사의 지분을 알기 쉬워진다

자본잉여금(자본 거래로 얻은 돈 중 자본금에 편입되지 않은 돈)

이익잉여금(회사가 내부에 적립한 돈)

1년 이내에 상환할 **유동부채 중에 주요한 것은 매입채무와 단기차입금**입니다.
매입채무에 해당하는 것은 외상매입금과 지급어음입니다. 단기차입금은 1년
이내에 갚아야 하는 돈으로, 사업 운전자금 등으로 사용됩니다. 1년이 지나
상환할 채무인 **고정부채는 장기차입금, 회사채, 충당금 등**입니다. 충당금은 미
래의 지출(예를 들면 퇴직금 등)을 위해 미리 준비해 놓는 돈입니다.

부채(유동, 고정)로 분류되는 것

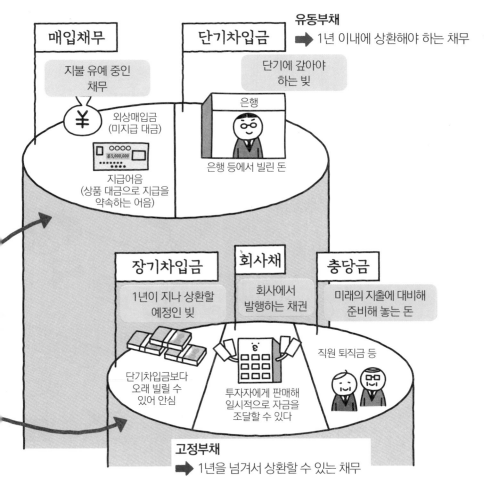

매입채무

지불 유예 중인
채무

외상매입금
(미지급 대금)

지급어음
(상품 대금으로 지급을
약속하는 어음)

단기차입금

단기에 갚아야
하는 빚

은행

은행 등에서 빌린 돈

유동부채
➡ 1년 이내에 상환해야 하는 채무

장기차입금

1년이 지나 상환할
예정인 빚

단기차입금보다
오래 빌릴 수
있어 안심

회사채

회사에서
발행하는 채권

투자자에게 판매해
일시적으로 자금을
조달할 수 있다

충당금

미래의 지출에 대비해
준비해 놓는 돈

직원 퇴직금 등

고정부채
➡ 1년을 넘겨서 상환할 수 있는 채무

47

05

'매출액'과 '마진'은 어떻게 다른가?

상품 판매 수입인 매출액에서, 상품을 만드는 데 들어간 원가를 뺀 것이 매출총이익(마진)입니다.

회계기간 동안 회사가 낸 이익과 손실을 보여 주는 것이 손익계산서입니다. **손익계산서의 기본은 '수입-비용=이익'이며, 이 계산이 표 안에서 반복됩니다.** 그런 단순한 구조이므로, 손익계산서는 재무3표 중에서 가장 이해하기 쉽다고 할 수 있습니다. 표 맨 위에 기재되는 것이 <u>매출액</u>입니다. 매출액이란 물건과 서비스 등의 상품을 판매해 얻은 대금을 말합니다.

매출총이익으로 상품력을 알 수 있다!

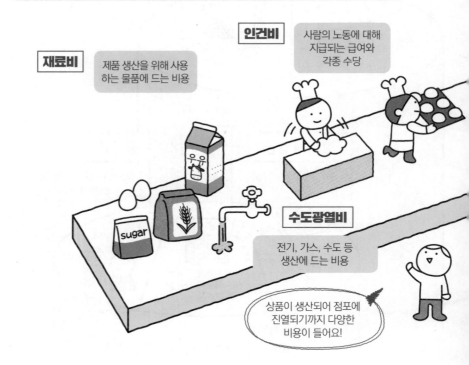

재료비 제품 생산을 위해 사용하는 물품에 드는 비용

인건비 사람의 노동에 대해 지급되는 급여와 각종 수당

수도광열비 전기, 가스, 수도 등 생산에 드는 비용

상품이 생산되어 점포에 진열되기까지 다양한 비용이 들어요!

매출액에서 **매출원가**를 뺀 것이 **매출총이익**(마진이라고 부른다)입니다. 매출원가란 물건을 만들거나 서비스를 제공하기 위해 직접적으로 사용한 비용으로, 상품을 만드는 데 필요한 원재료비, 제조 시에 사용한 전기료, 제조에 종사하는 사람들의 인건비 등이 매출원가에 포함됩니다. 매출원가는 '팔린 상품에 든 비용'이며, 안 팔리고 남은 상품의 원가는 매출원가에 포함되지 않는다는 점에 주의해야 합니다.

통상 완성된 제품의 수송에 드는 돈은 제조원가가 아니라 판관비(50쪽)에 계상됩니다.

감가상각비

장기간에 걸쳐 사용하는 자산(건물과 설비 등)을 구입한 경우, 그 구입가격을 일단 자산으로 계상한 후 자산을 계속 사용하면 가치가 떨어질 것을 내다보고 자산의 구입대금을 내용연수(자산의 이용가능 연수)로 나누어 1년씩 계상하는 비용(62쪽 참조).

매출총이익(마진)=상품 가격-상품을 만드는 데 든 비용

매출총이익은 모든 이익의 근본이므로, 매출총이익의 비율이 클수록 최종적인 이익도 커질 가능성이 높다!
➡ '상품의 부가가치가 높다' 또는 '상품력이 강하다'는 뜻

본업으로 얼마나 수익을 내는지 알 수 있는 영업이익

매출총이익에서 제조 이외의 활동으로 발생하는 비용인 판관비를 뺀 금액이 영업이익입니다. 영업이익으로 회사의 사업능력을 가늠할 수 있습니다.

앞 페이지에서 소개한 매출총이익은 상품을 판매해 직접 얻을 수 있는 이익으로, 거기서 **판매비 및 관리비**를 뺀 것이 **영업이익**입니다. 판매비 및 관리비는 줄여서 판관비라고도 부르는데, 상품을 판매하거나 광고하기 위해 드는 돈과 회사를 운영하기 위해 드는 돈을 의미합니다. 예를 들면 광고선전비, 제조부문 이외의 종업원 인건비, 사무실 임차료, 광열비 등이 판관비에 해당됩니다.

판관비란?

'판매비 및 관리비'의 줄임말로 제품 제조와 서비스 제공에 직접적 관련이 없는 비용

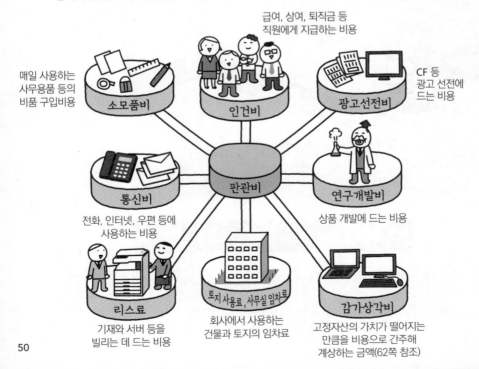

매일 사용하는 사무용품 등의 비품 구입비용
소모품비

급여, 상여, 퇴직금 등 직원에게 지급하는 비용
인건비

CF 등 광고 선전에 드는 비용
광고선전비

전화, 인터넷, 우편 등에 사용하는 비용
통신비

상품 개발에 드는 비용
연구개발비

판관비

기재와 서버 등을 빌리는 데 드는 비용
리스료

회사에서 사용하는 건물과 토지의 임차료
토지 사용료, 사무실 임차료

고정자산의 가치가 떨어지는 만큼을 비용으로 간주해 계상하는 금액(62쪽 참조)
감가상각비

매출액에서 매출원가를 뺀 매출총이익에서, 제조 이외의 통상의 사업활동에 드는 비용(판관비)을 뺀 것이 영업이익입니다. 다시 말해 **영업이익은 회사가 본업으로 벌어들인 이익을 나타낸다고 할 수 있으며, 그 회사의 사업능력을 가늠할 수 있는 중요한 수치입니다.** 만약 영업이익이 마이너스라면, 본업에서 이익을 못 내는 회사이므로 경영적으로 문제가 있다고 판단할 수 있습니다.

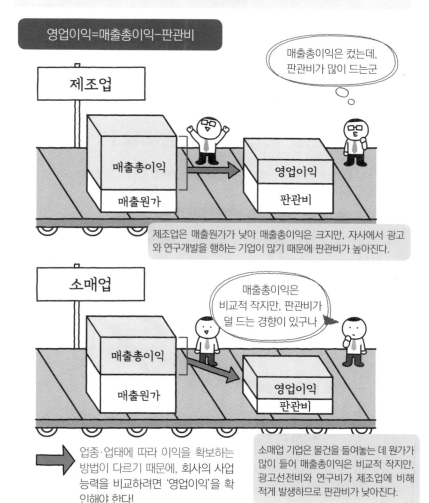

영업이익으로 사업능력을 알 수 있다

영업이익=매출총이익−판관비

매출총이익은 컸는데, 판관비가 많이 드는군

제조업

매출총이익
매출원가

영업이익

판관비

제조업은 매출원가가 낮아 매출총이익은 크지만, 자사에서 광고와 연구개발을 행하는 기업이 많기 때문에 판관비가 높아진다.

소매업

매출총이익은 비교적 작지만, 판관비가 덜 드는 경향이 있구나

매출총이익
매출원가

영업이익
판관비

업종·업태에 따라 이익을 확보하는 방법이 다르기 때문에, 회사의 사업능력을 비교하려면 '영업이익'을 확인해야 한다!

소매업 기업은 물건을 들여놓는 데 원가가 많이 들어 매출총이익은 비교적 작지만, 광고선전비와 연구비가 제조업에 비해 적게 발생하므로 판관비가 낮아진다.

07

그 회사의 안정성을 알 수 있는 경상이익

본업 이외의 재무활동 등으로 생긴 수익과 비용을 영업이익에 가감해서 산출하는 것이 경상이익입니다.

영업 외 활동에서 발생한 수익과 비용을 영업이익에 더하고 뺀 것이 **경상이익**입니다. 영업 외로 생긴 수익을 **영업외수익**이라고 부릅니다. 주요 영업외수익은 은행예금의 이자와 보유한 주식의 배당금(단, 자사 주식의 배당금은 포함되지 않는다) 등입니다. **영업외비용**으로는 은행 등에서 빌린 돈에 대해 지불하는 이자 등이 있습니다.

경상이익으로 사업 이외의 손익을 알 수 있다

경상이익에 계상되는 손실과 수익에는 아래와 같은 항목이 있다. 영업이익에 이 항목들을 더하고 빼서 최종적인 경상이익을 산출한다.

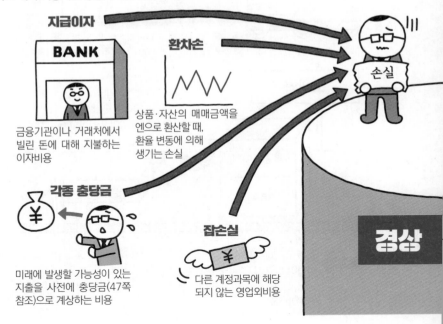

지급이자

BANK

금융기관이나 거래처에서 빌린 돈에 대해 지불하는 이자비용

환차손

상품·자산의 매매금액을 엔으로 환산할 때, 환율 변동에 의해 생기는 손실

각종 충당금

미래에 발생할 가능성이 있는 지출을 사전에 충당금(47쪽 참조)으로 계상하는 비용

잡손실

다른 계정과목에 해당되지 않는 영업외비용

손실

경상

본업에 의한 수익뿐 아니라, 재무활동에 의한 수익과 비용까지 포함하여 계산한 것이 경상이익입니다. **경상이익을 보면, 그 회사가 안정적으로 이익을 내고 있는지 아닌지 판단할 수 있습니다.** 예를 들어 아무리 영업이익이 많아도 거액의 빚을 진 상태라면, 지급해야 할 이자도 커지므로 그 회사의 경상이익은 작아집니다. 이런 회사의 경영이 건전하다고는 할 수 없겠지요.

> 경상이익=영업이익+영업외수익−영업외비용

➡️ 영업이익이 커도 거액의 빚 등이 있으면 이자비용이 늘어 경상이익은 작아진다. 경상이익은 '회사가 안정적·지속적으로 이익을 창출하는 능력'을 나타낸다.

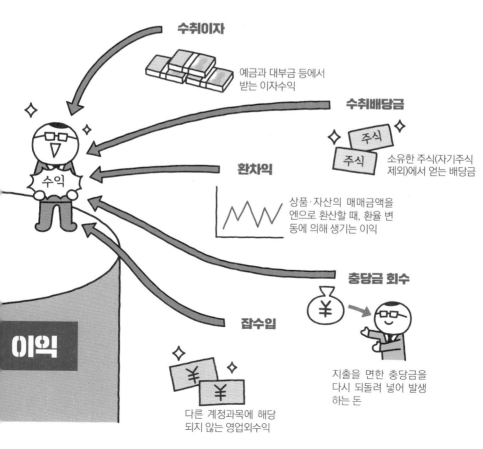

수취이자

예금과 대부금 등에서 받는 이자수익

수취배당금

주식

주식

소유한 주식(자기주식 제외)에서 얻는 배당금

환차익

상품·자산의 매매금액을 엔으로 환산할 때, 환율 변동에 의해 생기는 이익

수익

충당금 회수

잡수입

지출을 면한 충당금을 다시 되돌려 넣어 발생하는 돈

이익

다른 계정과목에 해당되지 않는 영업외수익

08

투자자가 중시하는 당기순이익

경상이익에 일시적 사정으로 발생한 이익과 손실을 더하고 뺀 후, 마지막으로 세금을 빼면 최종 이익인 당기순이익을 산출할 수 있습니다.

특별한 사정으로 발생한 수익과 손실을 경상이익에 더하거나 뺀 것이 **세금 등 조정 전 당기순이익**입니다. 여기서 말하는 특별한 사정으로 발생한 수익을 **특별이익**이라고 부릅니다. 소유한 건물과 토지 등을 매각해 얻은 이익 등이 이에 해당됩니다. 마찬가지로, 특별한 사정으로 인해 발생한 손실은 **특별손실**이라고 부릅니다. 태풍이나 지진 같은 재해로 입은 손실 등이 한 예입니다.

※한국은 2007년에 국제회계기준을 도입하면서 '특별손익'과 '경상손익' 항목이 사라졌다. 매각 및 폐쇄 등으로 중단되는 사업부문이 있으면 그 손익을 별도로 구분해 표시하며, 고정자산 및 투자자산 등의 처분손익 또한 기타손익 및 금융손익 등으로 표시한다.

당기순이익 · 특별이익 · 특별손실이란?

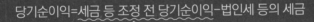
당기순이익=세금 등 조정 전 당기순이익-법인세 등의 세금

특별이익 ⊕ (=경상이익+특별이익-특별손실) **특별손실** ⊖

기업의 통상적인 사업활동 이외의 특별한 요인 때문에 일시적으로 발생한 이익

기업의 통상적인 사업활동 이외의 특별한 요인 때문에 일시적으로 발생한 손실

고정자산매각익

고정자산제각손

고정자산을 폐기해 발생한 손실

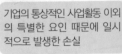

유가증권매각손

투자 목적으로 가지고 있는 국채·유가증권을 팔아서 발생한 손실

유가증권매각익

투자 목적으로 가지고 있는 국채·유가증권을 팔아서 얻은 이익

재해손실

화재와 지진, 태풍과 호우 등의 재해로 발생한 손실

손해배상손실

손해배상금 지급에 의한 손실

사업중단손실

사업 정리나 중단 등에 의해 발생한 손실

왼쪽 페이지에서 설명한 세금 등 조정 전 당기순이익은 그 명칭 그대로 세금을 제하기 전의 이익입니다. 여기서 법인세와 지방세 등의 세금을 **뺀** 것이 최종 이익인 **당기순이익**입니다. 매출액에서 시작해 '수입−비용=이익'의 계산을 반복해 도달한 당기순이익에 따라 주주에 대한 배당도 결정됩니다. **주가에도 큰 영향을 미치므로, 투자자는 당기순이익을 중시합니다.**

당기순이익으로 최종적인 이익을 알 수 있다

세금 등 조정 전 당기순이익

법인세 등의 세금 ⊖

당기순이익

회사가 1년 동안 얻은 최종적인 이익

그 연도에 계상되는 모든 수익에서 모든 비용을 제하고 산출되는 당기의 최종적인 이익. 경상이익은 1회계기간의 경영을 평가하는 지표라 할 수 있고, 기업의 당기 최종 성과인 당기순이익은 투자자에게도 중요한 지표가 된다. '최종적으로 흑자인가 적자인가' 하는 표현은 당기순이익이 플러스(+)인지 마이너스(−)인지에 따라 결정된다.

주주에게 얼마나 이익이 되는지는 이 수치로 알 수 있지!

주주 배당금을 결정하는 중요한 성과!

09

사업의 수익을 보여 주는 영업현금흐름

회사의 수익을 보여 주는 영업현금흐름이 마이너스(-)이면 사업을 해도 현금이 밖으로 새어 나가는 상태입니다.

회사의 현금흐름(Cash Flow: CF)을 보여 주는 현금흐름표는 3개의 부분으로 구성됩니다. 그 첫 번째가 **영업활동에 의한 현금흐름**(이하 영업CF)입니다. 영업활동은 회사의 사업을 뜻하므로, 영업CF는 사업에 의해 현금이 얼마나 증감했는지를 나타냅니다. **영업CF가 마이너스(-)면 사업을 해도 현금이 없어지는 상태이므로, 기업으로서는 영업CF가 플러스(+)여야 합니다.**

영업현금흐름의 산출방법

영업현금흐름에서는 '손익계산서상의 숫자'와 '실제 현금의 움직임'에 차이가 발생하는 부분을 찾아내 금액 차이를 조정한다.

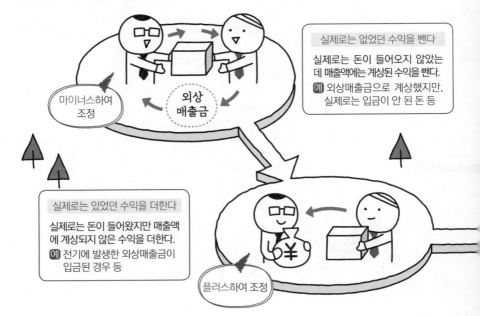

마이너스하여 조정

외상 매출금

실제로는 없었던 수익을 뺀다

실제로는 돈이 들어오지 않았는데 매출액에는 계상된 수익을 뺀다.
예 외상매출금으로 계상했지만, 실제로는 입금이 안 된 돈 등

실제로는 있었던 수익을 더한다

실제로는 돈이 들어왔지만 매출액에 계상되지 않은 수익을 더한다.
예 전기에 발생한 외상매출금이 입금된 경우 등

플러스하여 조정

영업CF가 **현금주의**(현금이 움직인 시점에 계상)인 데 반해, 손익계산서와 재무상태표는 **발생주의**(거래가 이뤄진 시점에 금액을 계상)입니다. 그로 인해 금액에 차이가 생기는 일이 있으므로 조정이 필요해집니다. 예를 들면, 매출이 장부에 계상되어 있어도 아직 현금을 못 받은 경우(이것을 외상매출금이라고 부릅니다), 영업CF에서는 아직 못 받은 금액을 마이너스해 조정합니다.

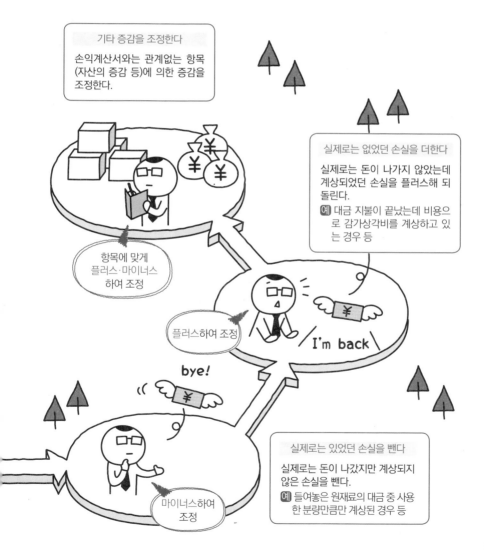

기타 증감을 조정한다

손익계산서와는 관계없는 항목
(자산의 증감 등)에 의한 증감을
조정한다.

항목에 맞게
플러스·마이너스
하여 조정

실제로는 없었던 손실을 더한다

실제로는 돈이 나가지 않았는데
계상되었던 손실을 플러스해 되
돌린다.
예 대금 지불이 끝났는데 비용으
로 감가상각비를 계상하고 있
는 경우 등

플러스하여 조정

I'm back

bye!

¥

마이너스하여
조정

실제로는 있었던 손실을 뺀다

실제로는 돈이 나갔지만 계상되지
않은 손실을 뺀다.
예 들여놓은 원재료의 대금 중 사용
한 분량만큼만 계상된 경우 등

투자현금흐름을 보면 회사의 장래가 보인다

투자현금흐름을 보면, 회사가 미래를 위해 얼마나 투자하고 있는지 알 수 있습니다.

현금흐름표의 두 번째 부분은 **투자활동에 의한 현금흐름**(이하 투자CF)입니다. 투자에 자금을 얼마나 사용했는지, 자산을 얼마만큼 매각해 수입을 얻었는지가 기재되어 있습니다. 취득이나 매각 대상이 되는 것은 유형고정자산, 무형고정자산, 유가증권 등입니다. 투자CF가 플러스면 자산을 매각해 현금이 생긴 상태입니다. 마이너스면 돈을 지불하고 새로운 자산을 얻은 상태입니다.

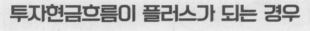

투자현금흐름이 플러스가 되는 경우

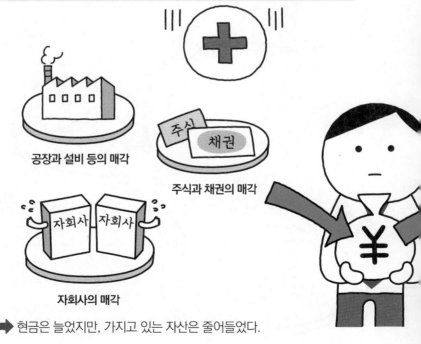

공장과 설비 등의 매각

주식과 채권의 매각

자회사의 매각

➡ 현금은 늘었지만, 가지고 있는 자산은 줄어들었다.

영업CF와 달리, 투자CF는 플러스여도 바람직한 상태가 아닐 수 있습니다. 사업으로 돈을 벌지 못한 것(영업CF가 마이너스)을 메우기 위해 토지 등의 자산을 매각해 현금이 유입된 것일 수도 있기 때문입니다. **반대로 투자CF가 마이너스라도 미래를 위해 돈을 써서 새로운 설비 등을 들여온 것이라면, 오히려 장래가 유망하다고 할 수 있습니다.**

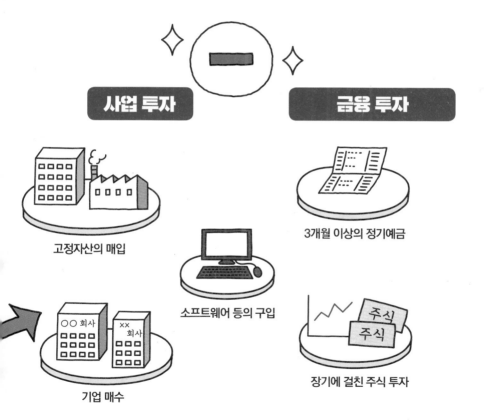

투자현금흐름이 마이너스가 되는 경우

사업 투자

고정자산의 매입

소프트웨어 등의 구입

기업 매수

금융 투자

3개월 이상의 정기예금

주식
주식

장기에 걸친 주식 투자

현금을 사용해 새로 설비를 들이거나 신규사업에 뛰어들려 하고 있다.

➡ **회사의 미래를 위해 투자가 이루어지고 있는 상태!**

11

재무현금흐름으로
회사의 채무 상황을 알 수 있다

자금 조달과 관련된 돈의 움직임을 알 수 있는 것이 재무현금흐름입니다.
채무 상태와 주주에 대한 환원 등이 기재되어 있습니다.

현금흐름표의 세 번째 섹션은 **재무활동에 의한 현금흐름**(이하 재무CF)입니다.
여기에는 회사의 자금 조달과 관련된 활동의 현금 움직임이 기재됩니다. 다시
말해 은행 융자와 상환, 회사채 발행·상환, 주주 배당금 지급 등에 의해 돈
이 얼마나 들어오고 나갔는지 재무CF를 보면 파악할 수 있습니다.

재무현금흐름이 플러스가 되는 경우

은행에서 돈을 빌린다

회사채 발행

주식 발행

사업 부진 때문인지,
성장을 위한 것인지
판단이 필요!

➡ 은행 대출과 회사채·주식 발행 등
다양한 방법으로 현금을 얻고 있는 상태

재무CF가 플러스일 때는, 은행에서 대출을 받거나 하여 돈이 들어온 상태입니다. 마이너스는 빚을 상환하거나 주주에게 배당금을 지급해 돈이 나간 상태입니다. 따라서 **마이너스인 경우가 회사의 부담이 줄고, 주주 입장에서도 배당금이 들어오므로 바람직한 상태입니다.** 단, 회사의 신용이 없어 대출을 못 받은 결과 마이너스가 되는 케이스도 있으므로 주의합시다.

재무현금흐름이 마이너스가 되는 경우

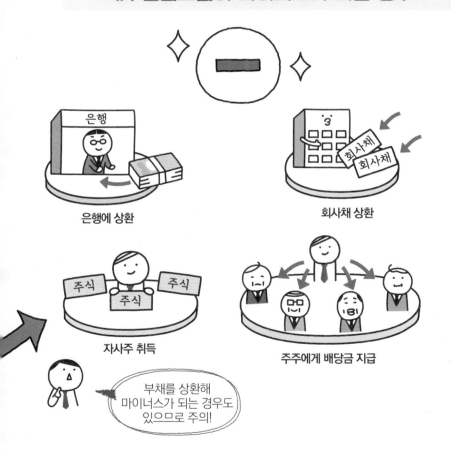

은행에 상환

회사채 상환

자사주 취득

주주에게 배당금 지급

부채를 상환해 마이너스가 되는 경우도 있으므로 주의!

빚을 갚아 부채를 줄이고 있는 상태
➡ 실적이 호조라 경영에 여유가 있는 케이스가 많다!

감가상각비란?

오랜 기간에 걸쳐 사용하는 고가의 기계나 설비 등을 구입한 경우, 그 구입액을 한 번에 전액 비용으로 계상하는 것이 아니라 자산으로 계상한 후 내용연수로 분할해 매년 비용으로 계상해 나가는 것이 회계 처리에서 감가상각의 구조입니다. 내용연수는 실제로 그 자산을 사용하는 기간이 아니며, 자산의 종류에 따라 법률로 정해져 있습니다. 감각상각을 도입함으로써 '자산을 구입한 연도의 비용이 막대하게 늘어나 회사의 실적을 올바르게 나타내지 못하는' 사태를 방지하는 것입니다. 또한 감각상각은 연수의 경과와 사용에 의해 가치가 감소하는 자산을 대상으로 하는데, 토지는 사용함에도 또는 시간이 경과함에도 가치가 감소하지 않으므로 감가상각의 대상에 포함되지 않습니다.

고가의 고정자산을 구입했을 때는 경비를 분할해 계상할 수 있어요.

구입 시

예를 들어, 16만 엔짜리 컴퓨터를 구입한 경우, 그 비용 전액을 한 번에 계상하지 않고 균등하게 분할해 1년마다 계상합니다. 컴퓨터의 내용연수는 4년으로 정해져 있으므로, 비용은 4년으로 분할합니다. 또한 서버로 사용하는 경우, 컴퓨터의 내용연수는 5년입니다.

실제

16만 엔을 4년으로 분할해 매년 4만 엔을 비용으로 계상합니다. 또한 10만 엔 이상 20만 엔 미만인 물건이라면, 일괄상각자산으로 통상보다 짧은 3년에 걸쳐 상각할 수도 있습니다. 일괄상각자산에는 지자체에서 부과하는 상각자산세가 없다는 이점도 있습니다.

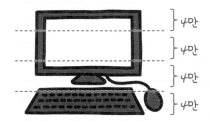

10년을 쓸 수 있는 컴퓨터라도 회계상의 내용연수는 4년으로 정해져 있어요.

※상각자산은 사업용으로 이용하는 구조물·기계 등의 고정자산을 말하며, 상각자산에 부과되는 세금이 '상각자산세'이다. 한국은 지방세인 '재산세'가 일종의 고정자산세로 대응된다고 할 수 있다.

Chapter

3

재무지표를 보면
'수익구조'를 알 수 있다

결산서에 나와 있는 다양한 숫자를 이용해 매출액증가율과 유동비율, ROA 같은 재무지표를 구할 수 있습니다. 이번 장에서는 실제 기업의 결산서를 예로 들어 재무지표의 산출 방법과 읽는 법, 분석 방법에 대해 설명하겠습니다.

01 기업의 성장성을 알 수 있는 매출액증가율

매출액증가율을 통해 기업의 성장 정도를 알 수 있다. 높은 매출 신장률을 기록한 오이식스 라 다이치를 살펴봅시다.

그 기업이 얼마나 성장하고 있는지를 가늠하는 재무지표 중 하나로 매출액증가율이 있습니다. 기업의 당기 매출액이 전기에 비해 얼마나 증가했는지를 나타내는 지표입니다. 당기 매출액에서 전기 매출액을 뺀 금액을 전기 매출액으로 나누어 구합니다. 매출액증가율을 통해 기업의 **성장성**을 알 수 있는데, 이 지표가 시장 성장률을 밑도는 경우에는 실질적인 성장이라고 할 수 없습니다. 또한 **매출 규모가 작으면 매출이 조금만 늘어도 증가율이 높아지므로, 과거 몇 년간의 수치를 보고 판단하는 것이 좋습니다.**

매출액증가율과 리스크

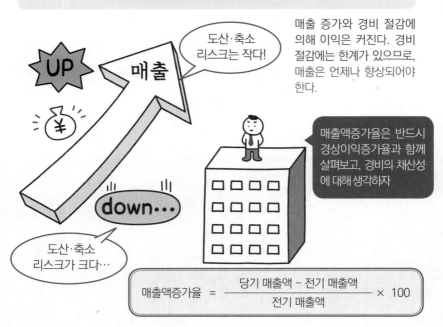

도산·축소 리스크는 작다!

매출 증가와 경비 절감에 의해 이익은 커진다. 경비 절감에는 한계가 있으므로, 매출은 언제나 향상되어야 한다.

매출액증가율은 반드시 경상이익증가율과 함께 살펴보고, 경비의 채산성에 대해 생각하자

도산·축소 리스크가 크다…

$$매출액증가율 = \frac{당기\ 매출액 - 전기\ 매출액}{전기\ 매출액} \times 100$$

유기농 채소 등의 식품 배송사업으로 최근 급성장하고 있는 **오이식스 라 다이치**를 예로 들어 봅시다. 오이식스는 2017년에 NGO '대지를 지키는 모임'과 경영통합을 하고, 2018년에 '래디쉬 보야(Radish Boya)'를 흡수 합병하여 경쟁 기업을 산하에 두고 밀키트를 비롯한 다양한 서비스로 인기를 얻어 왔습니다. 2012년 3월 결산에서 127억 엔이었던 연간 매출은, 2020년 3월 결산에서는 710억 엔까지 늘어났습니다. 2020년 3월 기준 매출액증가율은 11%지만, 2019년 3월 기준 매출액증가율은 60.1%, 2018년 3월은 73.7%를 기록했습니다. 매출액증가율은 6~20%면 초우량 수준이라 할 수 있으므로, 오이식스 라 다이치가 얼마나 경이적인 급성장을 이루었는지 알 수 있습니다.

오이식스 라 다이치의 매출액증가율은?

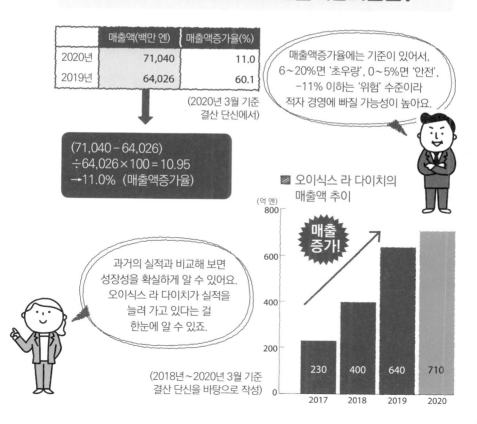

	매출액(백만 엔)	매출액증가율(%)
2020년	71,040	11.0
2019년	64,026	60.1

(2020년 3월 기준 결산 단신에서)

(71,040 − 64,026)
÷64,026 × 100 = 10.95
→11.0% (매출액증가율)

매출액증가율에는 기준이 있어서, 6~20%면 '초우량', 0~5%면 '안전', −11% 이하는 '위험' 수준이라 적자 경영에 빠질 가능성이 높아요.

■ 오이식스 라 다이치의 매출액 추이

(억 엔)

매출 증가!

과거의 실적과 비교해 보면 성장성을 확실하게 알 수 있어요. 오이식스 라 다이치가 실적을 늘려 가고 있다는 걸 한눈에 알 수 있죠.

2017	2018	2019	2020
230	400	640	710

(2018년~2020년 3월 기준 결산 단신을 바탕으로 작성)

02

본업으로 수익을 내는 힘을 알 수 있는 매출액영업이익률

매출액영업이익률은 기업이 효율적으로 잘 경영되고 있는지 보여 주는 지표입니다. 높은 매출액영업이익률을 기록하고 있는 키엔스를 살펴봅시다.

기업이 본업으로 얼마나 수익을 내는지 알 수 있는 지표로 매출액영업이익률이 있습니다. 매출액에 대한 영업이익의 비율을 나타낸 것으로, 영업이익을 매출액으로 나누어 구합니다. **일반적으로 영업이익률이 높을수록 본업으로 이익을 많이 낸다고 할 수 있습니다.** 여기서는 정밀기계 판매 기업 키엔스의 사례를 살펴봅시다. 키엔스의 2020년 3월 결산 매출액은 5518억 엔, 영업이익은 2776억 엔이었습니다. 매출액영업이익률은 50.3%, 매출총이익률은 80% 이상으로 제조업계의 기준인 20~30%를 크게 웃돌고 있습니다.

매출액영업이익률을 높이려면?

매출원가와 판관비를 낮추면 이익률도 높아진다.

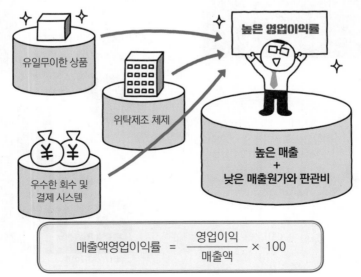

유일무이한 상품

위탁제조 체제

우수한 회수 및 결제 시스템

높은 영업이익률

높은 매출
+
낮은 매출원가와 판관비

$$매출액영업이익률 = \frac{영업이익}{매출액} \times 100$$

키엔스의 제품이 타의 추종을 불허하는 품질을 지닌 것으로 여겨지는 이유는, 직판을 통해 부가가치가 높은 **컨설팅 영업**을 행함으로써 **고객의 니즈에 맞는 유일무이한 제품을 제공하기 때문입니다.** 따라서 제품의 가치를 기반으로 가격을 제안할 수 있어 높은 판매가격을 유지할 수 있는 것입니다. 그리고 제조설비를 보유하지 않는 위탁제조 체제이기 때문에 초기 투자와 유지·관리 비용 부담이 없어, 경영 자원을 제품 기획과 영업 등에 집중할 수 있습니다. 또한 **외상매출금은 여유 있게 회수하고 지불은 빨리 한다는 회사 방침이 우량한 공급자와 제조업자의 확보로 이어졌습니다.** 이런 시책이 주효해 높은 매출을 실현하는 동시에 매출원가와 판관비를 낮게 억제할 수 있으므로, 매출액영업이익률이 높은 것입니다.

키엔스의 경이적인 수익력

▨ 손익계산서   (백만 엔)

매출액	551,843
매출원가	100,406
매출총이익	451,436
판매비 및 관리비	173,805
영업이익	277,631
영업외수익	6,587
경상이익	280,253
세금 등 조정 전 당기순이익	280,253
당기순이익	198,124

(2020년 3월 기준 결산 단신에서)

전자기기 업계의 매출액 영업이익률 평균은 6% 전후. 키엔스의 재무기반이 얼마나 탄탄한지를 알 수 있죠.

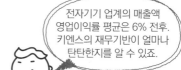

277,631÷551,843×100
=50.3%(매출액영업이익률)

One point

화장품 업계 또한 매출총이익이 높기로 유명합니다(74~75쪽 참조). 그러나 키엔스의 매출액영업이익률이 훨씬 높은 이유는 '판관비'가 적기 때문입니다. 화장품 업계는 거액의 광고비를 들이지만, 키엔스는 B2B 비즈니스이기 때문에 판관비가 들지 않아 높은 이익을 내고 있습니다.

그 외에 마진율에도 주목해 봐요. '매출총이익÷매출액×100'으로 계산한 수치가 무려 81.8%! 제조업 평균이 약 20~30%니까 놀라운 수치란 걸 알 수 있어요.

03 자기자본비율을 보면 경영의 안정성을 알 수 있다

자기자본비율은 기업의 안정성을 보여 주는 지표입니다. 높은 이익률을 자랑하는 오빅이 수익을 내는 구조를 살펴봅시다.

자기자본비율이란 자산 합계(총자본)에 대한 자기자본의 비율입니다. 총자본은 자기자본과 타인자본(부채)의 합계이므로, 자기자본 비율이 높을수록 안정성이 높다고 판단할 수 있습니다. 자기자본은 순자산을 말하며, 자본금과 이익잉여금으로 구성됩니다. 단, 상장기업인 경우는 **순자산**에서 신주예약권과 비지배지분을 뺄 필요가 있습니다. 자기자본비율이 마이너스라면, 자산으로 부채를 다 갚을 수 없는 상황에 빠졌다는 뜻입니다. 이런 상태를 **채무초과**라고 합니다.

자기자본비율의 기준이란?

평균치는 업계·업종에 따라 다르다는 사실을 기억해 두자.

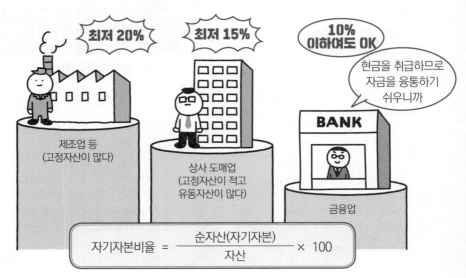

최저 20%

최저 15%

10% 이하여도 OK

현금을 취급하므로 자금을 융통하기 쉬우니까

BANK

제조업 등
(고정자산이 많다)

상사 도매업
(고정자산이 적고
유동자산이 많다)

금융업

$$자기자본비율 = \frac{순자산(자기자본)}{자산} \times 100$$

기업 대상 정보서비스의 대표주자인 오빅을 예로 들어 보겠습니다. 오빅의 2020년 3월 기준 자기자본비율은 90.1%로 매우 높은 수준입니다. 이는 매출이 호조인 것과 더불어 매출액영업이익률이 53.7%로 높아서, 순자산의 구성요소인 이익잉여금이 적립되었기 때문입니다. 영업·개발·유지보수에 이르기까지 모든 부문을 자사에서 행하므로 이익률이 높습니다. **시스템 인터그레이터** 사업의 경우 유지보수는 외주를 주는 경우가 많은데, 이 부분에서도 노하우를 축적할 수 있기 때문에 자사에서 직접 행하여 차별화하고 이익으로 연결시키는 것입니다. 또한 **시설·설비가 불필요하고 외주가 적어 자금 수요가 낮은 것도** 자기자본비율을 높이는 요인입니다.

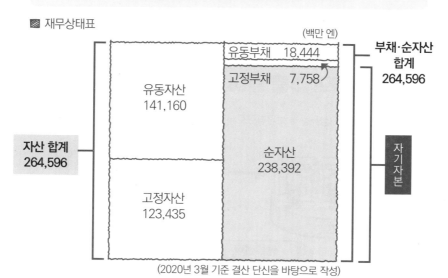

순자산이 넉넉해 안심인 오빅

■ 재무상태표

(백만 엔)

	유동부채 18,444	부채·순자산 합계
유동자산 141,160	고정부채 7,758	264,596
자산 합계 264,596	순자산 238,392	자기자본
고정자산 123,435		

(2020년 3월 기준 결산 단신을 바탕으로 작성)

238,392÷264,596
×100=90.09
→ 90.1%
(자기자본비율)

재무상태표의 '부채부'와 '순자산부'를 보면 자기자본이 전체에서 얼마만큼을 차지하는지 금방 알 수 있어요. 오빅은 순자산이 많아 자기자본비율이 90.1%이기 때문에, 차입에 의지할 필요성이 없는 안정성 높은 기업이란 걸 알 수 있죠.

04 유형고정자산의 활용도는 유형고정자산회전율로 알 수 있다

건물과 토지처럼 형태가 있는 자산을 유형고정자산이라고 합니다. 무인양품으로 친숙한 양품계획을 참고로 유형고정자산회전율을 살펴봅시다.

기업이 보유한 유형고정자산이 얼마나 유효하게 활용되고 있는지를 가늠하는 지표로 유형고정자산회전율이 있습니다. 유형고정자산이란 건물과 토지, 기계, 차량처럼 형태가 있는 자산을 말합니다. 유형고정자산회전율은 매출액을 유형고정자산으로 나누어 구합니다. 일반적으로 **회전율이 높을수록 고정자산이 효율적으로 활용되고 있으며, 회전율이 낮을수록 고정자산이 효율적으로 활용되지 않을 가능성이 있다**고 봅니다. 다만, 예를 들어 기업이 일시적으로 거액의 설비투자를 행하여 유형고정자산이 늘어나, 그 기간의 유형고정자산회전율이 낮아지는 경우도 있습니다.

물류센터의 수를 줄여 자산회전율을 높인다

필요한 만큼만 유형고정자산을 보유함으로써 분모값을 줄여 자산회전율을 높일 수 있다.

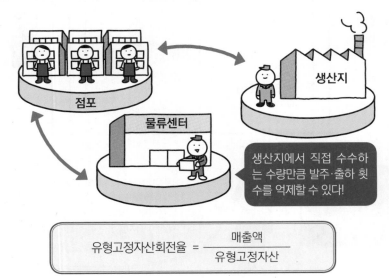

점포

생산지

물류센터

생산지에서 직접 수수하는 수량만큼 발주·출하 횟수를 억제할 수 있다!

$$유형고정자산회전율 = \frac{매출액}{유형고정자산}$$

여기서는 무인양품 등을 운영하는 양품계획을 예로 들어 봅시다. 2020년 2월 기준 양품계획의 유형고정자산은 824억 6300만 엔으로 전기의 461억 6700만 엔보다 크게 늘었지만, 이는 **리스**로 경비 처리하던 것들 중 일부를 유형고정자산에 계상한다는 회계 처리상의 규칙 변경에 의한 것입니다. 당기와 전기의 유형고정자산회전율을 비교해 보면, 2020년 2월 결산 매출액은 4378억 엔이므로 유형고정자산회전율은 5.3회, 2019년 2월 결산 매출액은 4088억 엔이었으므로 유형고정자산회전율은 8.9회가 됩니다. **소매업 평균이 5.7회이므로 전기의 8.9회는 매우 높은 수치**이며, 유형고정자산이 늘어난 당기는 업계평균보다 회전율이 조금 낮아졌음을 알 수 있습니다.

무인양품의 유형고정자산회전율은?

▨ 재무상태표   (백만 엔)

유형고정자산	2019년 2월 기준	2020년 2월 기준
건물 및 구축물	54,752	63,337
기계장치 및 운반구	2,214	2,209
공구, 기구 및 비품	8,961	11,072
토지	1,907	1,866
리스 자산	68	61
사용권 자산	–	31,267
건설 가계정	2,592	896
유형고정자산 합계	46,167	82,463

(2020년 2월 기준 결산 단신에서)

재무상태표 '자산부'의 '고정자산'에 유형고정자산이 있어요. 손익계산서의 매출액을 유형고정자산으로 나누어 회전율을 구해 봅시다.

437,775÷82,463
=5.3회
(유형고정자산회전율)

회전율을 분석할 때는 업종과 기업 규모에 따라 차이가 있으므로 주의합시다. 양품계획의 당기 회전율은 소매업 평균에 비해 조금 낮은 걸 알 수 있어요.

▨ 업계별 평균 회전율

	회전율
제조업	3.30회
소매업	5.72회
부동산업·물품임대업	0.59회
숙박업·음식서비스업	1.67회

(중소기업청의 2018년 '중소기업실태 기본조사'를 바탕으로 작성)

05 기업의 수익성을 알 수 있는 매출원가율

화장품은 일반적으로 원가가 낮다고 알려져 있습니다. 매출원가율을 보면서
이익률이 높은 화장품 업계의 구조를 확인해 봅시다.

매출원가율이란 매출에 대해 매출원가가 차지하는 비율입니다. 이 비율이 낮으면 원가가 낮다는 뜻이므로, 이익이 많은 것이 됩니다. 다만, 매출원가에 무엇을 계상할지는 기업에 따라 생각이 다르므로, 타사와 단순히 비교하기 어려운 경우도 있습니다. 여기서는 화장품 대기업 시세이도를 살펴봅시다. 화장품 업계의 매출원가율은 20~30%가 일반적이며, 시세이도의 2019년 12월 기준 매출원가율은 22.5%입니다. 매출원가율을 낮추려면 원가를 낮추거나 부가가치를 더해 판매가격을 높일 필요가 있는데, 화장품 업계에서는 후자가 일반적입니다.

브랜딩으로 판매가격을 높인다

브랜딩을 중시하여 판관비를 많이 투입하고 판매가격을 높이면, 매출원가가 같아도 매출원가율은 낮아진다.

$$매출원가율 = \frac{매출원가}{매출액} \times 100$$

매출원가율이 낮은 반면, **기호품인 화장품은 브랜딩 전략이 매우 중요하기 때문에 광고 선전과 컨설팅 세일즈 등의 판관비가 높아지는 경향이 있습니다.** 그 이유는 타깃층이 선호하는 모든 매체에 다수의 광고를 진행할 뿐 아니라, 매장에서 설명하며 판매하는 직원의 인건비 부담도 크기 때문입니다. 구체적으로는, 상품 지식이 풍부한 점원이 백화점이나 화장품 전문점에서 컨설팅 서비스를 제공하며 소비자 개개인의 특성에 맞는 상품을 제안하고 단가가 높은 상품을 판매하는 **대면판매** 구조로 이루어지기 때문입니다. 이 판매직원은 기업에서 파견하므로 인건비 부담이 생겨 판관비가 높아집니다. 반면, 상담 없이 고객 스스로 상품을 선택하는 판매 방식이 많은 기업은 판관비를 억제할 수 있지만, 판매단가가 낮기 때문에 매출원가율이 높아집니다.

매출원가율이 매우 낮은 화장품 업계

▨ 시세이도의 손익계산서   (백만 엔)

매출액	1,131,547
매출원가	254,844
매출총이익	876,703
판매비 및 관리비	762,871
영업이익	113,831
영업외수익	5,674
경상이익	108,739
특별손실	5,465
세금 등 조정 전 당기순이익	107,378
법인세 등 합계	30,076

254,844÷1,131,547
×100=22.5%
(매출원가율)

(2019년 12월 기준
결산 단신에서)

매출원가율이 낮고, '판매비 및 관리비'에 포함되는 광고선전비와 판매촉진비 같은 마케팅비가 높은 것이 화장품 업계의 특징이죠.

One point

이상적인 매출원가율은 보통 30%로 알려져 있지만, 이는 현실적으로 어렵기 때문에 50%이상인 업종이 대부분입니다. 화장품 업계는 특수한 경우죠.

이미지가 중요한 상품이라 광고비가 많아질수록 매출이 늘기 쉬워요!

06

기업의 채산성을 알 수 있는 매출액 대비 판관비율

매출액 대비 판관비율로 기업이 지출한 경비가 얼만큼 수익으로 이어지는지 알 수 있습니다. 이 비율이 특히 낮은 패밀리 레스토랑 사이제리야를 살펴봅시다.

기업이 상품을 판매하거나 일반관리를 행하기 위해 필요한 비용을 판매비 및 관리비(판관비)라고 합니다. 이 판관비가 매출액에서 얼마만큼을 차지하는지 보여주는 지표가 매출액 대비 판관비율입니다. 이는 판관비를 매출액으로 나누어 구할 수 있습니다. 일반적으로 매출액 대비 판관비율이 낮을수록 기업의 채산성이 좋음을 나타냅니다. 반대로 이 비율이 높을 경우, 사용하는 경비가 효율적으로 수익으로 이어지지 않고 있음을 나타냅니다.

판관비를 줄여 고품질의 상품을 저렴한 가격으로

다른 레스토랑과 같은 수준의 원재료를 쓰더라도 판관비를 낮게 억제하기 때문에 결과적으로 원가율이 올라간다.

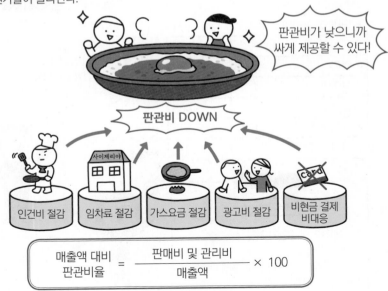

판관비가 낮으니까 싸게 제공할 수 있다!

판관비 DOWN

인건비 절감 　 임차료 절감 　 가스요금 절감 　 광고비 절감 　 비현금 결제 비대응

$$\text{매출액 대비 판관비율} = \frac{\text{판매비 및 관리비}}{\text{매출액}} \times 100$$

여기서는 패밀리 레스토랑 체인 사이제리야를 예로 들어 보겠습니다. 사이제리야의 2019년 8월 결산 매출액은 1565억 엔, 판관비는 907억 엔이었습니다. **매출액 대비 판관비율은 57.9%로, 같은 업계인 로열호스트의 68.1%, 스카이락의 63.1%에 비하면 낮은 편임을 알 수 있습니다.** 반면, 사이제리야의 매출원가율은 36.0%로 타사보다 높습니다. 이는 사이제리야가 **센트럴키친** 방식을 도입하고 원재료를 내부에서 제조하는 등 **원가율**을 낮추기 위해 노력하고 있지만, 판매가가 낮기 때문인 것으로 생각할 수 있습니다. 그래도 판관비가 적기 때문에 매출액 대비 판관비율은 낮습니다.

판관비를 낮춰 이익을 올리는 사이제리야

☑ 손익계산서 (백만 엔)

	2018년 8월 기준	2019년 8월 기준
매출액	154,063	156,527
매출원가	56,268	56,277
판매비 및 관리비	89,154	90,651

(2019년도 8월 기준)

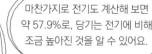

90,651÷156,527
×100=57.9%
(매출액 대비 판관비율)

다른 패밀리 레스토랑에 비해 사이제리야의 매출액 대비 판관비율이 낮은 걸 알 수 있죠. 판관비에 들어가는 인건비를 철저하게 절감해 이익을 내고 있어요.

마찬가지로 전기도 계산해 보면 약 57.9%로, 당기는 전기에 비해 조금 높아진 것을 알 수 있어요.

☑ 동종업계 타사와 매출액 대비 판관비율 비교

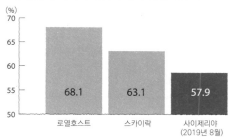

(로열호스트: 2019년 12기 결산 단신.
스카이락: 2019년 12기 결산 단신.
사이제리야: 2020년 8월 기준 결산 단신을
바탕으로 작성)

07 기업의 재고 효율을 알 수 있는 재고자산회전일수

재고자산회전일수를 통해 재고가 며칠 만에 1회전 하는지 알 수 있습니다.
빅 카메라를 예로 들어 재고 관리의 효율성을 살펴봅시다.

재고자산회전일수란 평균 재고자산(평균 재고금액)을 1일당 매출원가로 나누어 산출합니다. 바꿔 말하면, 재고가 며칠 만에 1회전 하는지를 통해 재고 관리의 효율성을 알 수 있습니다. 기업이 보유한 상품과 제품, 상환품, 제작 중인 제품, 원재료, 저장품 등을 통틀어 재고자산이라고 합니다. 이것은 재무상태표 '자산부'의 '유동자산' 안에 기재되어 있습니다. 재고자산회전일수의 수치가 작으면, 짧은 기간에 재고가 회전하므로 효율이 좋다고 할 수 있습니다. **재고 효율**의 저하는 현금흐름에 악영향을 미치므로, 중요한 지표 중 하나라고 할 수 있습니다.

재고와 회전율

재고자산회전율을 통해 재고 관리의 효율성을 볼 수 있다.

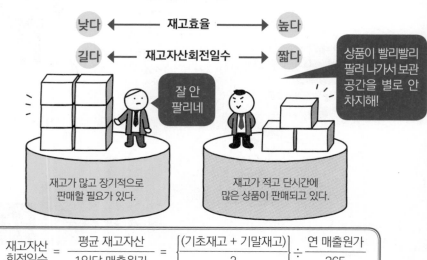

낮다 ← 재고효율 → 높다

길다 ← 재고자산회전일수 → 짧다

상품이 빨리빨리 팔려 나가서 보관 공간을 별로 안 차지해!

잘 안 팔리네

재고가 많고 장기적으로 판매할 필요가 있다.

재고가 적고 단시간에 많은 상품이 판매되고 있다.

$$\text{재고자산}\atop\text{회전일수} = \frac{\text{평균 재고자산}}{\text{1일당 매출원가}} = \left[\frac{(\text{기초재고} + \text{기말재고})}{2}\right] \div \frac{\text{연 매출원가}}{365}$$

예를 들어 **빅 카메라의 재고자산회전일수는 72일이지만, 동종업계 타사인 야마다 전기는 122일이므로 빅 카메라의 재고 효율이 얼마나 높은지 알 수 있습니다.** 빅 카메라가 효율적인 재고 관리로 많은 매출을 낳고 있는 요인은 점포 전략에 있습니다. 빅 카메라의 점포는 **역전 입지형**이라 방문고객 수가 많고 점포당 매출액도 매우 큽니다. 이 경우, 단시간에 많은 상품이 팔리므로 필연적으로 재고의 회전이 빨라지며, 이에 맞춰 재고를 관리하면 재고자산회전일수가 개선됩니다. 그러나 역전 입지는 임차료가 비싸고 방문고객이 많으면 직원 수도 많아져 판관비가 높아지므로 교외형보다 운영비용이 높아집니다. 따라서 재고 효율을 높일 필요가 있는 것입니다.

빅 카메라와 야마다 전기를 비교해 보자

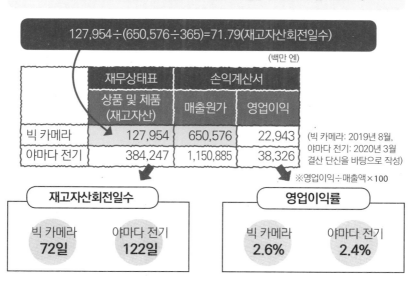

$$127,954 \div (650,576 \div 365) = 71.79(재고자산회전일수)$$

(백만 엔)

	재무상태표	손익계산서	
	상품 및 제품 (재고자산)	매출원가	영업이익
빅 카메라	127,954	650,576	22,943
야마다 전기	384,247	1,150,885	38,326

(빅 카메라: 2019년 8월, 야마다 전기: 2020년 3월 결산 단신을 바탕으로 작성)

※영업이익÷매출액×100

재고자산회전일수

빅 카메라	야마다 전기
72일	**122일**

영업이익률

빅 카메라	야마다 전기
2.6%	**2.4%**

빅 카메라의 재고자산회전일수가 더 적고 재고 효율이 좋아요. 이는 빅 카메라는 도시에, 야마다 전기는 교외에 점포를 많이 내는 입지 전략의 차이 때문이기도 해요.

영업이익률을 비교해 보면, 빅 카메라가 더 높게 나오네요. 빅 카메라가 야마다 전기보다 수익성이 더 좋다는 걸 알 수 있어요.

08 단기적인 지불능력을 알 수 있는 유동비율

유동성이란 채무를 갚는 능력으로, 유동성이 높을수록 회사가 망할 위험성이 작아집니다. 반다이 남코의 유동성이 왜 높은지 살펴봅시다.

기업의 단기적인 지불능력(단기 안정성)을 나타내는 지표로 **유동비율**이 있습니다. **유동비율은 1년 이내에 현금화할 수 있는 자산(유동자산)이, 1년 이내에 갚아야 할 부채(유동부채)를 얼마나 웃도는지를 나타냅니다.** 유동성이 높으면 채무상환능력이 높고 도산 가능성은 낮다고 할 수 있습니다. 업종과 회사 규모 등에 따라 다르지만, 일반적으로 유동비율이 120% 이상이면 단기적인 자금운용에는 문제가 없다고 볼 수 있으며, 100%를 밑도는 경우는 지불능력에 위험이 있는 것으로 봅니다.

유동비율은 업종에 따라서도 다르다

유동비율이 낮은 기업은 단기적인 지불능력이 부족한 것으로 판단된다. 유동자산과 유동부채의 밸런스를 보고, 무리 없이 지불하는 게 중요하다.

예금과 외상매출금을 회수해 외상매입금을 지불하고 단기차입금을 상환한다

상환

예금

외상매출금 회수

융자

일반적으로 유동비율이 120%면 안심이라고 하지만, 철도업은 50%면 안심이고, 병원·요양업은 120%가 돼도 자금운용이 빠듯한 경우가 있다. 즉, 업종·업계에 따라 기준이 다르다!

$$유동비율 = \frac{유동자산}{유동부채} \times 100$$

완구 대기업인 반다이 남코 홀딩스는 2020년 3월 결산에서 매출과 이익이 모두 감소했지만, 영업이익률은 10% 이상으로 고수익을 냈습니다. 또한 원래 유이자부채가 없는 **무차입 경영**을 했기 때문에 유동부채가 적고, 유동비율은 269.2%로 높습니다. 즉, 단기적으로는 자금이 풍부한 안정성 높은 기업임을 알 수 있습니다. 반다이 남코는 하나의 콘텐츠를 TV, 게임, 굿즈 등 다양한 미디어를 조합해 전개하는 **미디어 믹스**가 강점입니다. 그중에는 롱셀러(longseller)가 되는 콘텐츠도 많아서, 그것들이 쌓여 안정된 수익을 확보하는 데 기여하고 있습니다.

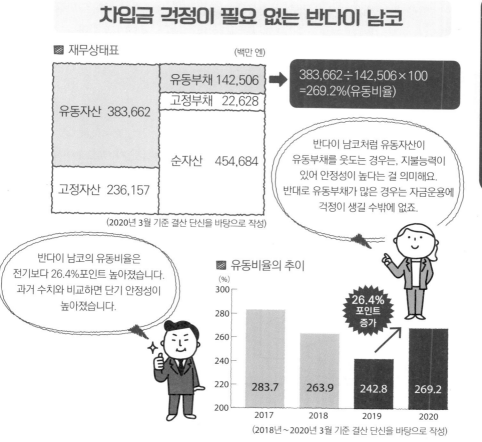

차입금 걱정이 필요 없는 반다이 남코

📊 재무상태표 　　　　　　　　　(백만 엔)

	유동부채 142,506
유동자산 383,662	고정부채 22,628
	순자산　　454,684
고정자산 236,157	

383,662÷142,506×100
=269.2%(유동비율)

(2020년 3월 기준 결산 단신을 바탕으로 작성)

반다이 남코처럼 유동자산이 유동부채를 웃도는 경우는, 지불능력이 있어 안정성이 높다는 걸 의미해요. 반대로 유동부채가 많은 경우는 자금운용에 걱정이 생길 수밖에 없죠.

반다이 남코의 유동비율은 전기보다 26.4%포인트 높아졌습니다. 과거 수치와 비교하면 단기 안정성이 높아졌습니다.

📊 유동비율의 추이

(%)

26.4%
포인트
증가

	2017	2018	2019	2020
	283.7	263.9	242.8	269.2

(2018년~2020년 3월 기준 결산 단신을 바탕으로 작성)

총자산으로 얼만큼의 이익을 냈는지 알 수 있는 ROA

09

ROA를 통해 기업이 경영을 얼마나 잘하고 있는지 알 수 있습니다. '카카쿠 닷컴'과 '다베로그'를 운영하는 가카쿠콤의 ROA를 분석해 봅시다.

이익을 얻기 위해 자산이 얼마나 효율적으로 사용되고 있는지를 나타내는 종합적인 재무지표로 ROA가 있습니다. **ROA란 총자산이익률을 말하며, 총자산 (총자본)에 대한 이익의 비율을 나타내는 수치입니다.** 이익은 당기순이익 외에 경상이익이나 영업이익으로 계산하는 경우도 있습니다. ROA를 개선하려면 이익률을 높일 필요가 있으므로, 매출을 늘리고 비용을 억제하는 것이 일반적입니다. 일본 기업의 ROA는 5% 정도가 기준이며, 10%가 넘으면 우수하다고 판단할 수 있습니다. 다만 업종에 따라 기준이 달라지기 때문에, 같은 업종의 수준과 비교할 필요가 있습니다.

ROA의 계산식을 분해하면…

ROA는 자산회전율과 매출액이익률을 곱한 것으로, 어느 한쪽이 높아지면 ROA도 높아집니다. 당기순이익을 전기말과 당기말의 평균 총자산으로 나누어 산출합니다.

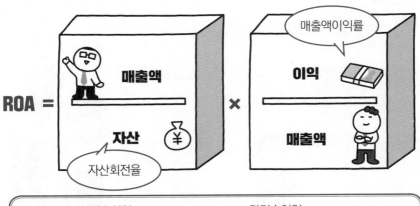

$$ROA = \frac{당기순이익}{(평균)총자산} \times 100 = \frac{당기순이익}{(전기말\ 총자산 + 당기말\ 총자산) \div 2} \times 100$$

'카카쿠닷컴' 등을 운영하는 가카쿠콤의 2020년 3월 기준 ROA는 32.03%였습니다. 가카쿠콤은 **IT 업종에 속해 있으므로 총자산 중 설비의 비율은 2% 정도밖에 안 됩니다. 즉, 총자산이 커지지 않는 경향이 강한** 것입니다. 또한 가카쿠콤이 경영하는 웹사이트의 운영 경비는 사용자 수와 거의 무관하여, 인기 사이트가 나오면 매우 높은 수익을 실현할 수 있습니다. 또한 '카카쿠닷컴'과 '다베로그'로 대표되는 사이트는 입소문으로 홍보되기 때문에, 비용이 드는 광고를 할 필요가 없어 광고선전비가 낮은 특징이 있습니다. 재고·설비투자가 필요 없는 가운데 이런 히트 콘텐츠를 확보한 것이 ROA를 끌어올린 요인입니다.

높은 ROA를 유지하는 가카쿠콤

◪ 재무상태표 (백만 엔)

	2019년 3월 기준	2020년 3월 기준
유동자산	36,629	39,115
고정자산	14,613	24,201
자산 합계	51,242	63,317

(2020년 3월 기준 결산 단신에서)

◪ 손익계산서 (백만 엔)

매출	60,978
영업비용	33,698
영업이익	27,217
당기순이익	18,348

(2020년 3월 기준 결산 단신에서)

18,348÷{(51,242+63,317)÷2}×100=32.03%(총자산이익률)

일본에서 ROA는 5% 정도가 기준이며, 10% 전후면 우수하다고 볼 수 있습니다. 업계에 따라서도 수치가 달라지므로 동종업종과 비교해 봅시다.

인터넷 사이트를 운영하는 기업은 설비투자 비용이 낮기 때문에 ROA가 비교적 높은 편입니다. 가카쿠콤은 영업이익률도 높아 ROA가 매우 높은 걸 알 수 있어요.

◪ 업계별 ROA 평균

인터넷 사이트	5.94%	자동차	4.71%
의류	6.82%	통신	7.17%
음식점	6.20%	건설·토목	4.19%

참고: 니혼게이자이 신문(https://www.nikkei.com)
'업계동향(주요 기업의 수치를 니케이가 독자 집계)'

자기자본으로 얼만큼의 이익을 냈는지 알 수 있는 ROE

앞 장의 ROA는 '자산'의 활용성을 살펴봤다면, ROE는 주주들로부터 모은 '자기자본'으로 수익성을 살펴봅니다.

ROE란 자기자본이익률을 말하며, 자기자본 대비 이익이 얼마나 되는지를 나타냅니다. 이 수치가 높다는 것은 그만큼 자기자본을 효율적으로 활용하고 있다는 뜻이며, 낮으면 경영효율이 나쁘다고 할 수 있습니다. 즉, 빚을 내서라도 **레버리지**를 일으켜 큰 이익을 내면 ROE는 높아집니다. 자기자본에서 이익을 얻는 **투자자** 입장의 수치지만 분모는 주주자본만이 아니며, 자기자본은 기타포괄손익누계액(주주자본에 자산과 부채의 미실현손익을 더한 것)을 포함한 것이 됩니다.

ROA를 올리면 ROE도 올라간다

자기자본비율을 낮추면 ROE는 올라가지만, 안정성은 내려간다.
ROA 전반을 높여 견실한 경영을 하는 것이 중요하다.

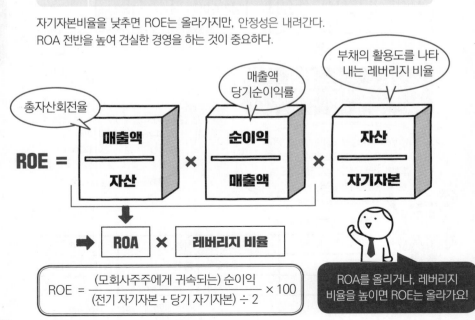

총자산회전율

매출액 당기순이익률

부채의 활용도를 나타내는 레버리지 비율

$$ROE = \frac{매출액}{자산} \times \frac{순이익}{매출액} \times \frac{자산}{자기자본}$$

➡ ROA × 레버리지 비율

$$ROE = \frac{(모회사주주에게\ 귀속되는)\ 순이익}{(전기\ 자기자본 + 당기\ 자기자본) \div 2} \times 100$$

ROA를 올리거나, 레버리지 비율을 높이면 ROE는 올라가요!

이상적인 ROE의 기준은 통상 8% 이상이므로, 패션 인터넷몰 'ZOZO TOWN'을 운영하는 ZOZO의 ROE 65.9%는 매우 높은 수치라고 할 수 있습니다. **일반적으로 ROE를 높이기 위해서는 이익을 늘리거나 자기자본을 줄이는 것이 유효합니다.** ZOZO는 원래 이익률이 높았기 때문에, **자사주 매입**을 통해 자기자본을 줄이는 방안을 선택했습니다. 실제로, ZOZO의 자기자본비율은 전전기에서 전기를 걸쳐 57.7%에서 28.6%로 낮아졌습니다. 자사주 매입은 배당금 지급 대상이 줄어들기 때문에 주주에게는 환영할 일입니다. 원래 이익의 증가를 통해 ROE를 개선하는 방안이 바람직하지만, 이런 배경이 작용해 자사주를 매입하는 기업이 늘고 있습니다.

ROE의 폭락을 방지한 ZOZO

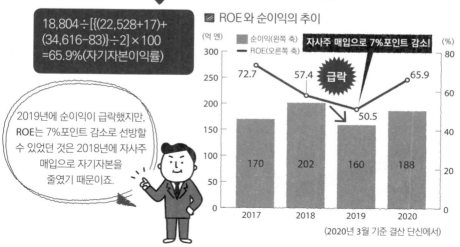

■ 재무상태표 순자산부

(백만 엔)

	2019년 3월 기준	2020년 3월 기준
주주자본	22,528	34,616
기타포괄손익 누계액	17	△83
자기자본 합계	22,656	34,534

(2020년 3월 기준 결산 단신을 바탕으로 작성)

■ 손익계산서

(백만 엔)

매출액	125,517
매출원가	11,780
영업총이익	113,737
당기순이익	18,804

(2020년 3월 기준 결산 단신에서)

$$18,804 \div [\{(22,528+17) + (34,616-83)\} \div 2] \times 100 = 65.9\%(\text{자기자본이익률})$$

2019년에 순이익이 급락했지만, ROE는 7%포인트 감소로 선방할 수 있었던 것은 2018년에 자사주 매입으로 자기자본을 줄였기 때문이죠.

■ ROE와 순이익의 추이

(억 엔)
■ 순이익(왼쪽 축)
ー ROE(오른쪽 축)

자사주 매입으로 7%포인트 감소!

(%)

급락

72.7 57.4 50.5 65.9

170 202 160 188

2017 2018 2019 2020

(2020년 3월 기준 결산 단신에서)

세그먼트 정보란?

결산서를 볼 때 세그먼트 정보에 주목해야 하는 경우가 있습니다. 세그먼트(segment)란 '단편' 혹은 '부분'이라는 뜻의 영어단어로, 회계용어에서 세그먼트 정보는 매출과 자산 등의 재무정보를 사업 단위로 나눈 것을 말합니다. 예를 들어 음식점 사업과 부동산 사업 등 복수의 사업을 행하는 기업이나, 제조부문과 판매부분 등을 각각 관련회사에서 행하는 기업의 경우, 세그먼트 정보를 살펴보면 사업별 수익성을 파악할 수 있습니다. 세그먼트 정보에는 앞에서 말한 사업별 세그먼트 외에도 국가나 지역별로 분류한 지역별 세그먼트도 있습니다.

사업별 실적을 적확하게 판단하기 위해서는 세그먼트 정보를 체크해야 합니다.

메이지 홀딩스 주식회사 세그먼트 정보

(2020년 3월 기준 결산 단신)

	보고 세그먼트		합계	조정액	연결 재무제표 계상액
	식품	의약품			
매출액 (1) 외부고객에 대한 　매출액	1,048,963	203,742	1,252,706	–	1,252,706
(2) 세그먼트 간의 　내부 매출액 또는 　대체액	596	611	1,207	△1,207	–
합계	1,049,559	204,354	1,253,914	△1,207	1,252,706
세그먼트 이익	87,340	15,982	103,332	614	102,708
세그먼트 자산	705,346	271,809	977,155	21,481	998,637

　　1991년 3월 결산부터 세그먼트 정보 공개가 의무화되어, 결산서에는 세그먼트 정보가 기재되어 있습니다. 여기서 예로 게재한 것은 메이지 홀딩스 주식회사의 세그먼트 정보입니다(2020년 3월 기준 현금흐름표). '식(食)과 건강의 프로페셔널'을 내세우는 메이지 홀딩스에는 식품 세그먼트인 주식회사 메이지, 의약품 세그먼트인 메이지 세이카 파마(Meiji Seika Pharma)와 KM바이오로직스 주식회사가 있습니다. 결산서의 세그먼트 정보도 식품과 의약품으로 나뉘어 매출액, 이익, 자산 등의 데이터가 기재되어 있습니다.

Chapter

4

성장 기업의 결산서를
살펴보자

이 장에서는 요즘과 같은 불황에도 높은 실적을 내는 기업들의 결산서를 살펴보며 그 실적 호조의 이유를 분석합니다. 닌텐도와 소프트뱅크, 니토리 등 모두가 아는 유명 기업들은 어떻게 해서 성장하고 있는 걸까요?

01 재택근무 증가와 PC 특수로 실적 호조인 니혼전기(NEC)

니혼전기는 컴퓨터 사업분 아니라, 전자 진료기록부 같은 의료사업에도 진출해 수익을 늘려 나가고 있습니다.

니혼전기의 2020년 3월 결산 순이익은 전기 대비 152% 증가한 999억 엔으로, 23년 만에 역대 최고 수익을 경신했습니다. 이는 전년도에 **인원 감축과 공장 재편 등의 구조조정을 추진해 이익 증대 효과가 나타났기** 때문입니다. 또한 매출이 전기보다 6.2% 증가한 것은 2020년 1월의 **Windows7 지원 종료에 따른 교체 수요와, 신종 코로나의 영향으로 인한 재택근무 증가로 PC(개인용 컴퓨터) 수요가 늘어난 것**이 요인입니다. 또한 재택근무 환경을 정비하기 위한 수요로 인해 컴퓨터 주변기기 판매도 호조 추이를 보여 매출을 견인했습니다.

매출과 이익이 함께 증가한 주요 요인

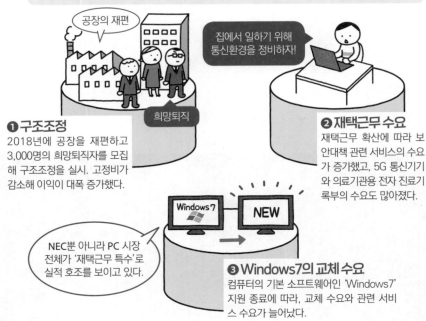

공장의 재편

집에서 일하기 위해 통신환경을 정비하자!

희망퇴직

❶ 구조조정
2018년에 공장을 재편하고 3,000명의 희망퇴직자를 모집해 구조조정을 실시. 고정비가 감소해 이익이 대폭 증가했다.

❷ 재택근무 수요
재택근무 확산에 따라 보안대책 관련 서비스의 수요가 증가했고, 5G 통신기기와 의료기관용 전자 진료기록부의 수요도 많아졌다.

Windows7 → NEW

NEC뿐 아니라 PC 시장 전체가 '재택근무 특수'로 실적 호조를 보이고 있다.

❸ Windows7의 교체 수요
컴퓨터의 기본 소프트웨어인 'Windows7' 지원 종료에 따라, 교체 수요와 관련 서비스 수요가 늘어났다.

주목할 것은 **세그먼트별 매출과 영업이익이 모든 사업에서 함께 증가했다는 점입니다.** 매출을 보면, 제일 많이 늘어난 것은 지자체와 의료기관을 대상으로 한 IT 서비스 등의 '사회공공' 분야로, 전기 대비 13.4% 증가했습니다. 이어서 '네트워크 서비스'가 전기 대비 10.8% 증가, 비즈니스 PC를 중심으로 늘어난 '시스템 플랫폼'이 전기 대비 9.7% 증가하여 모든 세그먼트에서 호조를 보였습니다. 특히, 의료기관에서 온라인 진료 시스템 도입이 시작되고, **5G**에 대응한 통신기기 공급이 개시되는 등 **전망이 크게 기대되는 분야에 강점이 있어 향후 수익 향상을 보일 것으로 생각됩니다.**

모든 사업에서 매출 증가

▨ 세그먼트별 실적

(백만 엔)

	2019년 3월 기준		2020년 3월 기준	
	매출	영업이익	매출	영업이익
사회공공	286,151	7,239	324,608	18,602
사회기반	621,879	45,358	631,140	53,857
엔터프라이즈	431,801	35,807	455,508	37,154
네트워크 서비스	460,307	20,677	509,832	38,207
시스템 플랫폼	500,213	20,078	548,692	48,859
글로벌	409,369	△22,517	493,761	△3,752

(2020년 3월 기준 결산 단신을 바탕으로 작성)

세그먼트 정보는 회사의 매출과 이익을 사업 단위로 정리한 재무정보예요. NEC는 주요 사업 분야를 6개로 나눴어요.

이익 신장이 특히 두드러진 분야는 지자체와 의료업계를 대상으로 한 '사회공공' IT 서비스이며, 비즈니스 PC 판매를 중심으로 한 '시스템 플랫폼'도 호조를 보이고 있어요.

닌텐도는 어떻게 게임 업계에서 안정된 경영을 이어 갈 수 있는가?

유서 깊은 게임회사인 닌텐도가 생존경쟁이 치열한 게임 업계에서 매출과 이익 모두 증가하는 결과를 낼 수 있었던 이유는?

닌텐도의 2020년 3월 결산은 매출액이 1조 3085억 엔(전기 대비 1079억 엔 증가), 영업이익은 3523억 엔(전기 대비 1026억 엔 증가)으로 전기를 크게 웃돌았습니다. 수익이 늘어난 큰 요인 중에는 신종 코로나로 인한 **집콕 수요**가 있습니다. 물론 **앞서 발매한 게임기 'Switch'가 어느 정도 보급된 것에 더해, 매력적인 소프트웨어가 적절한 타이밍에 발매되었다**는 배경이 있습니다. 특히 '포켓몬스터 소드 실드'(1737만 개)와 '모여봐요, 동물의 숲'(1177만 개) 등은 경이로운 판매량을 기록했습니다.

집콕 소비로 게임 매출이 큰 폭으로 증가

신종 코로나 바이러스 확산에 따른 외출 규제로 2019년 9월에 발매된 휴대형 게임기 'Switch Lite'와 기존 'Switch'의 매출이 큰 폭으로 증가했습니다.

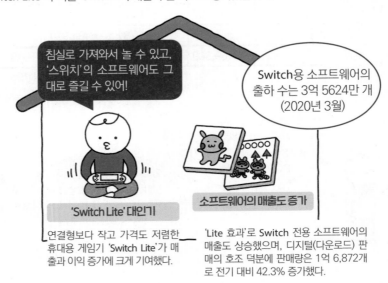

침실로 가져와서 놀 수 있고, '스위치'의 소프트웨어도 그대로 즐길 수 있어!

Switch용 소프트웨어의 출하 수는 3억 5624만 개 (2020년 3월)

'Switch Lite' 대인기

연결형보다 작고 가격도 저렴한 휴대용 게임기 'Switch Lite'가 매출과 이익 증가에 크게 기여했다.

소프트웨어의 매출도 증가

'Lite 효과'로 Switch 전용 소프트웨어의 매출도 상승했으며, 디지털(다운로드) 판매의 호조 덕분에 판매량은 1억 6,872개로 전기 대비 42.3% 증가했다.

기존의 **TV 연결형** 게임기 'Switch'의 판매 대수는 전기 대비 12.5% 줄었지만, **휴대형** 'Switch Lite'가 새로 발매되어 하드웨어의 판매 대수는 전기보다 24.0% 증가했습니다. 특히 미국에서는 새로운 게임 스타일로 인식되어 판매 대수가 크게 증가했습니다. 그러나 **하드웨어는 이익보다는 보급이 목적이므로 이익률을 낮게 설정하고, 소프트웨어(개발비가 들지만 완성되면 낮은 비용으로 대량생산이 가능하고 이익률도 높다)로 이익을 올리는 것**이 동사의 비즈니스 모델입니다. 따라서 하드웨어의 매출 신장보다는 소프트웨어의 매출이 증가한 것이 중요한 포인트입니다. 즉, 당기에 동사는 앞서 말한 소프트웨어가 높은 영업이익을 낳고, 거기에 하드웨어의 소폭 증가가 더해진 형태라고 할 수 있습니다.

Nintendo Switch의
하드웨어와 소프트웨어 판매량은?

결산 단신에는 게임 판매 실적이 기재되어 있다. 매출과 이익 증가의 요인이 된 'Switch' 시리즈의 판매량을 살펴보자.

▨ 전기 대비 판매수량 　　　　　　　　　　　　　　　　　　(만 대·만 개)

	2019		2020
하드웨어	1,695	➡ +24.0%	2,103
→Nintendo Switch	1,695	➡ −12.5%	1,483
→Nintendo Switch Lite			619
소프트웨어	11,855	➡ +42.3%	16,872

(2020년 3월 기준 결산 설명자료를 바탕으로 작성)

하드웨어의 종류를 늘려 보급시키고, 소프트웨어로 수익을 올리는 방식이 닌텐도의 비즈니스 모델이에요.

소프트웨어 판매량이 42.3%나 늘어 가장 많이 증가한 것을 알 수 있죠.

Switch의 판매 대수만 비교하면 마이너스지만, Lite가 보완해 시리즈 전체의 판매 대수를 늘렸네요.

03

그룹 전체로는 적자지만 단독으로는 매출과 이익이 모두 증가한 소프트뱅크

통신 대기업 중 하나인 소프트뱅크 주식회사는 그룹 전체의 경영이 어려움에 처한 상황에서도 실적 호조를 유지하고 있습니다.

소프트뱅크 주식회사는 소프트뱅크 그룹 산하에서 휴대전화를 중심으로 한 통신사업을 운영합니다. 그룹 전체로는 2020년 3월 결산에서 최종 적자 9615억 엔을 기록했지만, 소프트뱅크 주식회사만 놓고 보면 매출과 이익이 모두 증가했습니다. 매출액은 전기 대비 4% 늘어난 4조 8612억 엔, 영업이익은 11% 늘어난 9117억 엔으로 통신사업 단독으로는 도코모의 이익을 넘어섰습니다.

호조를 보인 소프트뱅크의 4가지 시도

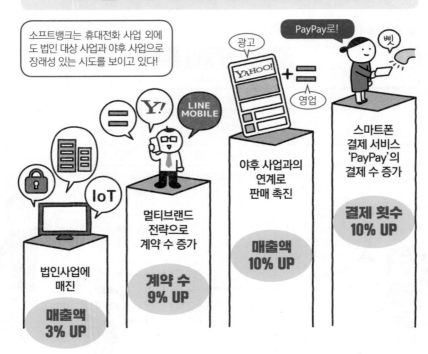

소프트뱅크는 휴대전화 사업 외에도 법인 대상 사업과 야후 사업으로 장래성 있는 시도를 보이고 있다!

법인사업에 매진
매출액 3% UP

멀티브랜드 전략으로 계약 수 증가
계약 수 9% UP

야후 사업과의 연계로 판매 촉진
매출액 10% UP

PayPay로!

스마트폰 결제 서비스 'PayPay'의 결제 수 증가
결제 횟수 10% UP

세그먼트별로 보면, 주력인 통신사업의 이익이 증가했습니다. **개인 대상 통신 서비스와 휴대전화 판매 등의 컨슈머 사업 매출액이 전기 대비 0.6% 증가한 2조 6967억 엔, 영업이익이 3.2% 증가한 6473억 엔이었습니다.** '소프트뱅크'와 **알뜰폰** 사업인 '와이모바일', 'LINE 모바일'의 스마트폰 누적 계약 수는 전기 대비 9% 증가한 2413만 건이었습니다. 폭넓은 고객층을 확보한 데다 해지 건수도 감소해 매출과 이익이 모두 증가했습니다. 더불어 2019년 6월에 자회사화한 야후 사업이 큰 성장세를 보여 매출액이 1조 엔을 넘어섰으며, 동년 11월에 매수한 ZOZO 또한 매출과 이익 증대에 기여하고 있습니다.

모든 세그먼트에서 매출 증가

▨ 세그먼트 정보   (백만 엔)

	2019년 3월 기준		2020년 3월 기준	
	매출액	세그먼트 이익	매출액	세그먼트 이익
컨슈머	2,680,476	627,436	2,696,687	647,270
법인	620,483	76,348	638,876	83,607
유통	417,297	15,182	482,441	17,164
야후	954,426	135,921	1,052,942	152,276
합계	4,672,682	854,887	4,870,946	900,317
연결	4,656,815	818,188	4,861,247	911,725

(2020년 3월 기준 결산 단신을 바탕으로 작성)

매출과 이익이 증가한 요인은 세그먼트 정보를 보면 알 수 있어요. 전기의 수치와 비교해 봅시다!

모든 세그먼트의 수치가 높아졌네요! 매출액은 컨슈머가 162억 엔, 야후가 985억 엔 증가했어요.

04

33년 연속 매출과 이익이 모두 증가한 니토리의 비즈니스 모델은?

일본의 가구·인테리어 사업을 대표하는 니토리 홀딩스. 코로나 시국에도 수익을 늘려 나가는 니토리의 강점을 파헤쳐 봅시다.

33년 연속 매출·이익 증가라는 경이적인 실적을 달성한 **니토리의 이익 바탕에는 지속적으로 늘고 있는 기존 점포의 매출이 있습니다.** 적어도 과거 5년 동안 **신규 점포 효과**에 의지하지 않고 기존 점포의 매출(전년 대비 2.7~5.5% 증가)과 고객 수(전년 대비 0.8~5.5% 증가)가 전년도를 웃돌았습니다. 게다가 과거 3년간은 매장 판매 효율도 상승했습니다. 이는 향상된 상품 개발력과 뛰어난 매장 구성 때문이라고 할 수 있습니다. 또한 매출총이익도 전기 대비 6.9% 증가했는데, 이는 상품 부속품의 공유화 등으로 경비 절감에 힘쓴 결과입니다.

니토리의 수익의 열쇠는 '제조물류소매업'

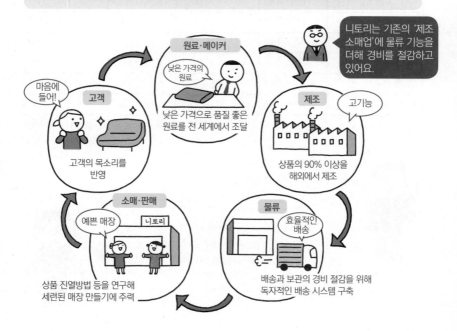

니토리는 기존의 '제조소매업'에 물류 기능을 더해 경비를 절감하고 있어요.

원료·메이커
낮은 가격의 원료
낮은 가격으로 품질 좋은 원료를 전 세계에서 조달

마음에 들어!
고객
고객의 목소리를 반영

제조
고기능
상품의 90% 이상을 해외에서 제조

소매·판매
예쁜 매장
니토리
상품 진열방법 등을 연구해 세련된 매장 만들기에 주력

물류
효율적인 배송
배송과 보관의 경비 절감을 위해 독자적인 배송 시스템 구축

점포 수는 100개(2004년 2월 기준)를 넘어선 즈음부터 급격히 증가했으며, 이 시기부터 **점포·입지 개발력이 한 단계 업그레이드된 것으로 보입니다.** 최근에는 **소형점포와 숍인숍 등 점포의 다양성을 키우며 출점을 더욱 가속화**했습니다. 또한 '생산물류 IT소매업'을 표방하며 물류와 인터넷 판매 시스템을 구축하는 데 힘을 쏟고 있는 것도 특징입니다. 지금까지 국내의 재고형 **물류센터** 11개 거점 중 4개 거점을 직영하고 있으며, 환적·통과형 물류센터 17개 거점을 확보했습니다. IT분야에서는 축적된 데이터와 디지털 트랜스포메이션을 기반으로 전자상거래 사이트 운영, 쿠폰 발행, SNS 광고를 진행하고, 점포와 기존의 PR 툴들을 융합시켜 1 to 1 마케팅을 추진하여 **시너지 효과에 의한 매출·이익 상승으로 연결시키려** 하고 있습니다.

기존 점포의 매출도 호조인 니토리

▨ 손익계산서 (백만 엔)

	2019년 2월 기준	2020년 2월 기준
매출액	608,131	642,273
매출총이익	331,421	354,364
판매비 및 관리비	230,642	246,886
영업이익	100,779	107,478
경상이익	103,053	109,522
당기순이익	68,180	71,395

(2020년 2월 기준 결산 단신에서)

전체 매출액이 늘었는데, 기존 점포의 매출은?

매출액은 전기보다 341억 엔이 늘었네. 하지만 방문 고객 수가 늘어난 덕분인지, 단순히 점포 수가 늘어났기 때문인지, 이것만 보고는 잘 모르겠어.

▨ 전년 대비 발생 매출액

(2020년 2월 기준 결산설명회 자료를 바탕으로 작성)

니토리는 점포 수를 전기보다 31개 늘렸지만, 기존 점포의 매출액이 안정적이라 문제가 없다는 걸 알 수 있어요.

05 해외시장 호조에 힘입어 매출과 이익이 증가한 스바루

자동차 업체 스바루(SUBARU)의 일본 내 판매량은 감소하고 있지만, 미국 시장에서 '포레스터'와 '어센트' 등의 판매는 호조를 보이고 있습니다.

스바루의 2020년 3월 결산 매출은 3조 3441억 엔(전기 대비 6.0% 증가), 영업이익은 2103억 엔(전기 대비 15.7% 증가)으로 매출과 이익이 모두 증가했습니다. **주력 상품인 자동차의 판매 대수가 늘어났기** 때문입니다. 글로벌 합계로는 약 103만 대를 판매, 이는 전기보다 약 3만 3,000대가 증가한 수치입니다. 일본에서는 소형차 판매가 부진해 판매량이 약 1만 대 감소한 반면, **주력인 미국 시장에서는 약 4만 1,900대가 늘었습니다.** 구미·호주·러시아 등 중국을 제외한 세계 각 지역에서도 견조한 성장을 보이고 있습니다.

해외시장에서 인기 있는 스바루 자동차

내수시장에서의 자동차 판매 대수는 감소 중이지만, 해외에서 판매 대수를 늘려 가고 있어 매출과 이익이 모두 증가했다.

차는 별로 필요 없어…

포레스터가 멋있어!

어센트도 근사해!

해외시장에서 잘 팔리는 차를 제조

스바루는 미국에 중점을 두고 글로벌 모델을 개발했다. '포레스터'와 '어센트'의 이미지 변신으로 판매가 호조를 보이고, 안정성이 지지를 받아 높은 평가를 얻고 있다.

시장 상황이 좋지 않아 실적이 부진한 일본

내수시장은 판매가 부진해 매출액이 감소했다. 그 이유로는 일본의 저조한 개인소비와 저출산, 고령화 등이 있다.

영업이익이 전기 대비 15.7% 상승한 것은 주로 **판매장려금 억제와 연구개발비 감소에 따른 것**입니다. 미국에서 이익이 큰 대형차의 판매 대수가 늘어난 데다, 판매장려금이 1대당 500달러 줄어들어 약 285억 엔을 절감했습니다. **연구개발비 감소는 당기부터 국제회계기준이 적용되었기 때문**으로, 지금까지 비용으로 계상되던 연구개발비 일부가 자산으로 계상되어 161억 엔의 비용 감소로 이어졌습니다. 또한 **큰 마이너스 요인이었던 리콜 문제가 수습 국면에 접어들어 비용 부담이 감소하고 있는** 것도 이익 증대에 기여했습니다. 한편, 달러당 약 2엔의 환차손이 발생해 당기이익의 증가폭이 줄어들었습니다.

국가별 판매 대수를 살펴보자

▨ 판매 대수 (천 대)

	2019년 3월 기준	2020년 3월 기준
등록차	110.2	101.9
경자동차	26.0	23.9
국내 합계	136.2	125.8
미국	659.7	701.6
캐나다	56.8	60.4
러시아	8.1	8.7
유럽	32.1	37.0
호주	41.7	43.1
중국	22.8	20.6
기타	43.3	36.7
해외 합계	864.6	908.0
합계	1,000.8	1,033.9

▨ 손익계산서 (백만 엔)

	2019년 3월 기준	2020년 3월 기준
매출	3,156,150	3,344,109
판매비 및 관리비	△298,875	△308,227
연구개발비	△108,558	△92,460
영업이익	181,724	210,319
세전이익	186,026	207,656
당기이익	140,789	152,591

스바루의 매출과 이익이 증가한 이유 중 하나로, 판매 대수 증가와 연구개발비 감소가 있습니다. 덕분에 영업이익이 286억 엔 늘어났어요.

(2020년 3월 기준 결산 단신에서)

내수 판매는 1만 400대 줄었지만 해외에서는 4만 3,400대나 증가했습니다. 특히 미국에서 판매 대수가 늘어난 것을 알 수 있어요!

06

외식업계 톱 매출을 자랑하는 젠쇼 홀딩스

'스키야', '하마즈시', '코코스' 등의 음식 체인을 운영하는 젠쇼 홀딩스. 타사 브랜드와는 다른 젠쇼 홀딩스만의 전략을 들여다봅시다.

젠쇼 홀딩스의 2020년 3월 결산 매출액은 6304억 엔(전기 대비 3.7% 증가), 순이익 119억 엔(전기 대비 20.7% 증가)으로 모두 전기를 웃돌았습니다. 젠쇼는 **'스키야'를 비롯해 많은 외식 브랜드를 운영하고 있는데, 규동 시장의 경쟁이 치열한 상황이라 해외 출점으로 중심축을 옮기고 있습니다.** 2019년에 매수한 말레이시아의 치킨라이스 레스토랑 'TCRS'도 매출과 이익 증가에 기여하는 요인이 되었습니다. 당기 출점 수는 모든 브랜드를 합쳐 419개이며, 그중 국내는 75개점인 데 비해 해외는 344개로 총 점포 수는 9,824개에 이릅니다.

젠쇼 홀딩스의 3가지 사업

젠쇼 홀딩스의 메인 사업 3개 중 실적이 호조인 것은 규동과 패스트푸드입니다. 반면, 레스토랑은 실적이 부진해 매출이 감소했습니다.

매출이 7.3% 증가. 하마즈시의 매출이 크게 호조.

패스트푸드

싸고 맛있어!

규동

규동 말고 다른 메뉴도 맛있어!

국내외에서 매출이 증가. 해외 신규 출점도 실적 호조의 주요인.

레스토랑

신제품을 먹어 봐야지!

COCO'S

매출은 6.8% 감소. 주로 코코스의 매출액 감소가 두드러졌다.

젠쇼 홀딩스에서는 외식사업을 규동, 레스토랑, 패스트푸드, 이렇게 세 분야로 나누고 있는데, '스키야'를 비롯한 규동 카테고리의 매출액은 2197억 엔(전기 대비 2.5% 증가)이었습니다. **외식사업에서 규동보다 증가 폭이 큰 분야는 '하마즈시'를 비롯한 패스트푸드 카테고리로, 매출액은 1500억 엔이지만 전기 대비 7.3% 증가했습니다.** 반면, 패밀리레스토랑 '코코스'와 햄버그&스테이크 레스토랑 '빅보이', 파스타 전문점 '졸리 파스타' 등의 레스토랑 카테고리는 매출액이 전기 대비 6.8% 감소했습니다. 그리고 미국, 캐나다, 호주 등에서 스시 테이크아웃점을 운영 중인 '기타 카테고리'는 매출 573억 엔으로, 전기 대비 39.6%나 증가해 앞으로의 성장이 기대됩니다.

카테고리별로 매출액을 살펴보자

◪ 손익계산서
(백만 엔)

	2019년 3월 기준	2020년 3월 기준
매출액	607,679	630,435
원가	261,226	267,680
판매비 및 관리비	327,619	341,835
영업이익	18,834	20,918
경상이익	18,211	19,903
당기순이익	10,356	11,666
모회사 주주에게 귀속되는 당기순이익	9,924	11,978

매출액은 전기보다 228억 엔 늘었고, 다른 이익 항목도 순조롭게 늘었어요.

순이익이 119억 엔으로 2년 연속 역대 최고치

(2020년 3월 기준 결산 단신에서)

◪ 카테고리별 매출액

그래프로 보면 규동의 매출 비중이 제일 높은 걸 한눈에 알 수 있어요.

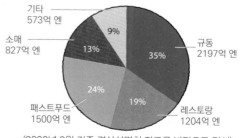

기타
573억 엔
9%

소매
827억 엔
13%

규동
2197억 엔
35%

패스트푸드
1500억 엔
24%

19%

레스토랑
1204억 엔

(2020년 3월 기준 결산설명회 자료를 바탕으로 작성)

PC 등 가전제품 판매 호조에 힘입어 최고 이익을 경신한 노지마

07

주력 사업인 가전제품 판매가 견조했던 가전제품 양판점 노지마. 경상이익, 순이익 모두 대폭 증가해 역대 최고 이익을 달성했습니다.

노지마의 2020년 3월 결산 매출액은 5239억 엔(전기 대비 2.1% 증가), 영업이익은 226억 엔(17.5% 증가)으로 매출과 이익이 모두 증가했습니다. 세그먼트별로 보면, 노지마는 4개의 사업부문으로 나누어져 있습니다. **가전제품 양판점 'nojima' 등의 디지털 가전 사업은 매출액 2162억 엔으로 전기보다 0.2% 감소했지만, 세그먼트 이익은 크게 늘어 136억 엔으로 17.9% 증가**했습니다. Windows7 지원 종료에 의한 막바지 수요와 신종 코로나로 인한 재택근무 증가로 컴퓨터 등의 판매가 호조를 보였고, 냉장고, 세탁기, TV도 견조하게 팔렸습니다.

노지마의 4가지 사업의 실태

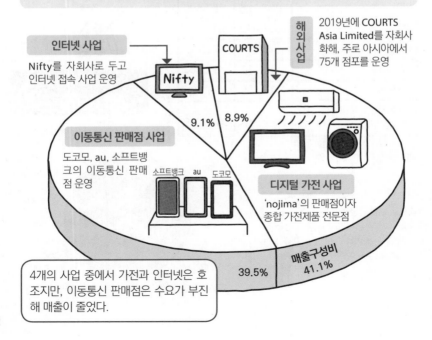

인터넷 사업
Nifty를 자회사로 두고 인터넷 접속 사업 운영

COURTS

해외 사업
2019년에 COURTS Asia Limited를 자회사화해, 주로 아시아에서 75개 점포를 운영

Nifty

9.1%   8.9%

이동통신 판매점 사업
도코모, au, 소프트뱅크의 이동통신 판매점 운영

소프트뱅크   au   도코모

디지털 가전 사업
'nojima'의 판매점이자 종합 가전제품 전문점

매출구성비
39.5%   41.1%

4개의 사업 중에서 가전과 인터넷은 호조지만, 이동통신 판매점은 수요가 부진해 매출이 줄었다.

3대 이동통신(도코모, au, 소프트뱅크)의 휴대전화를 판매하는 이동통신 판매점 사업은 2019년 10월 전기통신사업법의 일부 개정에 의한 판매경쟁 억제와, 그에 따른 교체 사이클 장기화의 영향으로 수요가 부진했습니다. 매출은 2074억 엔(12.9% 감소), 세그먼트 이익 또한 67억 엔(3.5% 증가)으로 부진했습니다. 'Nifty' 등의 인터넷 사업은 그룹 점포에서 NTT 히가시닛폰과 NTT 니시닛폰의 FLET'S 광회선 대여 서비스 '@nifty 히카리'의 판매와 신규고객 확보에 주력했습니다. 그 결과, 매출은 479억 엔(4.8% 감소)이었지만, 세그먼트 이익은 34억 엔(24.5% 증가)으로 대폭 증가했습니다. 동남아시아에서 가전제품 등을 판매하는 해외사업은 세그먼트 손실이 1억 2300만 엔으로 저조했습니다. 주력인 디지털 가전 사업이 이익을 견인하는 형태이므로, 신종 코로나의 영향 등 이후의 시장 환경이 궁금해지는 상황입니다.

부문별로 매출은 감소, 이익은 증가…?

◪ 세그먼트 비교

(백만 엔)

	2019년 3월 기준		2020년 3월 기준	
	매출액	세그먼트 이익	매출액	세그먼트 이익
디지털 가전 전문점 운영 사업	218,085	11,590	216,235	13,661
이동통신 판매점 운영 사업	238,052	6,542	207,441	6,773
인터넷 사업	50,338	2,762	47,909	3,438
해외사업	–	△384	46,609	△123
합계	506,476	20,511	518,197	23,750
연결재무제표 계상액	513,057	21,046	523,968	24,218

(2020년 3월 기준 결산 단신을 바탕으로 작성)

각 사업의 매출액은 대부분 감소했지만, 해외사업이 추가되어 매출액 합계는 증가했어요.

세그먼트 이익은 대폭 증가한 걸 알 수 있어요.

집콕 수요로 호황을 누리는 츠루하 홀딩스

드러그스토어 업계에서 점포 수와 매출로 톱을 달리는 츠루하 드러그. '집콕 수요' 관련 용품이 많이 팔려 매출과 이익이 모두 증가했습니다.

츠루하 홀딩스의 2020년 5월 결산 매출액은 8410억 엔(전기 대비 7.5% 증가), 영업이익은 450억 엔(전기 대비 7.6% 증가)으로 모두 역대 최고치를 달성했습니다. 신종 코로나의 영향이 긍정적으로 작용한 업종으로, **집콕 수요에 대응한 일용품과 식료품 판매뿐 아니라, 품귀 현상은 있었으나 수요가 많아진 마스크·소독제·비누 등 바이러스 예방 관련 상품의 판매가 늘어 매출이 증가했습니다.** 한편 인바운드 수요(외국인 관광객들에 의한 수요)가 크게 감소한 것과 더불어 외출 자제 등으로 화장품·계절용품 상품의 매출이 감소했습니다.

예방 대책 상품의 폭발적 판매로 매출과 이익 모두 증가

신종 코로나 바이러스로 인해 인바운드 관련 매출은 감소했지만, 마스크와 소독제 같은 감염 예방 상품의 판매가 크게 늘었다.

츠루하 드러그는 신종 코로나 바이러스의 영향 속에 취업한 점포 직원들에게 '특별 감사금'으로 판관비 중 30억 엔을 지출했습니다. 이로 인해 판관비율이 전기보다 0.4% 상승했습니다. 총이익률도 전기 대비 0.4% 상승했는데, 이는 이익률이 높은 **조제약** 분야의 매출이 증가하고 PB(프라이빗 브랜드) 비율이 높아졌기 때문으로 보입니다. 지금까지 PB의 중심이었던 '엠즈원·메디즈원'에 더해, 이익률이 높은 '구라시리즘 시리즈'의 판매 확대도 추진하고 있습니다. PB 전체에서 전자의 매출이 차지하는 비중은 1.4% 낮아졌지만, 후자는 1.6% 높아졌습니다. 또한 일시적으로 **소비세 인상**에 따른 반동이 있었지만, 기존 점포의 매출이 전기를 웃도는 등 탄탄한 판매력을 자랑하고 있습니다.

상품별 매출은 '판매 실적'에서 확인

☑ 손익계산서 (백만 엔)

	2019년 5월 기준	2020년 5월 기준
매출액	782,447	841,036
매출총이익	223,782	244,262
판매비 및 관리비	181,956	199,249
영업이익	41,826	45,013
경상이익	43,313	46,298

(2020년 5월 기준 결산 단신에서)

매출액이 대폭 증가한 덕분에 매출총이익도 증가했네요. 판관비가 높아진 건 직원들에게 지급한 특별 감사금이 영향을 미쳤기 때문이군요.

☑ 판매실적

화장품만 전년보다 떨어졌네요. 일용잡화는 제조사와 공동 대처해 매출을 끌어올렸고, 기타 주요 매출 상품으로는 마스크가 있어요.

품 목	금액 (백만 엔)	구성비 (%)	전기비 (%)
상품			
의약품	183,738	21.8	105.9
화장품	133,509	15.9	97.6
일용잡화	229,386	27.3	111.0
식품	194,494	23.1	111.3
기타	96,378	11.5	110.6
소계	837,507	99.6	107.5
부동산 임대료	872	0.1	104.0
수수료 수입 등	2,657	0.3	99.0
합계	841,036	100.0	107.5

(2020년 5월 기준 결산설명회 자료에서)

기존 점포 매출액 1.7% 증가! 야오코의 결산 실적이 호조인 이유는?

관동 지방에서 슈퍼마켓 사업을 전개하고 있는 야오코의 기존 점포 매출총이익이 타사보다 높은 이유는 무엇일까요?

야오코의 매출과 이익은 31년 연속 증가해 왔으며, 그 증가 폭도 매년 비교적 견조합니다. 2020년 3월 결산 영업수익은 4604억 엔(전기 대비 5.8% 증가), 영업이익 198억 엔(11.1% 증가), 순이익 124억 엔(5.6% 증가)으로 모두 증가했습니다. 당기 말에는 신종 코로나로 인한 집콕 생활로 막바지 수요가 발생해, 전기의 예상 영업이익 138억 엔을 크게 웃도는 결과가 나왔습니다. 신종 코로나가 어떤 영향을 미칠지 불투명하기 때문에, 다음 기의 영업이익은 1.6% 증가한 202억 엔으로 보수적인 목표치를 설정했습니다.

야오코의 강점과 생산력은…?

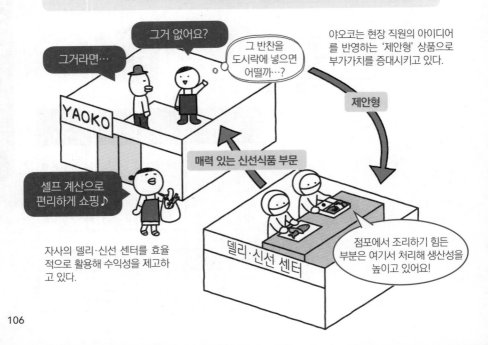

그거라면…

그거 없어요?

그 반찬을 도시락에 넣으면 어떨까…?

야오코는 현장 직원의 아이디어를 반영하는 '제안형' 상품으로 부가가치를 증대시키고 있다.

제안형

매력 있는 신선식품 부문

셀프 계산으로 편리하게 쇼핑♪

YAOKO

델리·신선 센터

점포에서 조리하기 힘든 부분은 여기서 처리해 생산성을 높이고 있어요!

자사의 델리·신선 센터를 효율적으로 활용해 수익성을 제고하고 있다.

상품과 서비스를 차별화하기 힘든 슈퍼마켓 업계에서 야오코는 부식품 사업에 강점을 보이고 있습니다. 델리·신선 센터를 가동하고 일부를 **센트럴키친 방식** 으로 운영해 매출총이익률의 개선을 꾀하면서, 전통적으로 행해온 점포 조리는 필요에 따라 유지하며 부식품 부문의 매력을 높였습니다. 또한 기존 점포의 매출이 3년 연속 전기를 웃돌며 당기는 1.7% 성장했습니다. 객수는 1.1%, 객단가는 0.6% 증가해 1인당 구매점수는 0.9% 증가했습니다. **매력적인 부식품과 타사 점포에 없는 상품을 구비하고 관련 상품을 함께 판매하는 제안형 상품 진열이 주효했다**고 할 수 있습니다. 또한 셀프 계산대를 도입해 **MH**(Man Hour, 작업자 1명이 1시간 동안 수행하는 작업량) 매출이 개선되었습니다. 매출총이익률이 높은 PB상품 개발에도 적극적이라 매출 비중이 10.2%나 됩니다.

구매점수(PI수치)도 순조로운 야오코

▨ 부문별 판매 실적

부문별	2019년 3월 기준		2020년 3월 기준		
	매출액 (백만 엔)	구성비 (%)	매출액 (백만 엔)	구성비 (%)	전기비 (%)
신선식품	147,621	35.3	155,832	35.2	105.6
델리식품	49,509	11.9	52,192	11.8	105.4
가공식품	116,415	27.9	124,277	28.1	106.8
데일리 푸드	85,049	20.4	90,742	20.5	106.7
주거 관련	16,605	4.0	18,111	4.1	109.1
전문점	2,507	0.6	1,065	0.2	42.5
합계	417,709	100.0	442,220	100.0	105.9

(유가증권보고서-제63기에서)

▨ 기존 점포의 영업수치(전기 대비)　(%)

	2017	2018	2019	2020
매출액	102.0	102.3	101.3	103.0
객수	100.6	100.1	99.1	100.2
객단가	101.4	102.1	102.2	102.8
일품단가	100.5	100.2	100.7	100.4
구매점수 (PI수치)	100.9	101.9	101.4	102.3

(제63기 결산 참고자료에서)

부문별 판매 상황은 유가증권보고서에 기재되어 있는 경우가 많아요.

전문점을 제외한 모든 부문이 이익을 올리고 있네요.

PI수치란, 고객 100명당 구매점수를 말해요. 당기는 PB상품과 충실한 상품구색 덕분에 PI수치가 2.3% 증가한 것을 알 수 있어요.

10 역대 최고의 매출액과 순이익을 기록한 오쇼 푸드 서비스

교자 만두로 친숙한 오쇼 홀딩스는 신종 코로나의 여파로 식품산업이 타격을 입고 있는 가운데 어떻게 호실적을 달성했을까요?

오쇼 푸드 서비스의 2020년 3월 결산 매출액은 855억 엔으로, 전기 대비 4.8% 증가해 역대 최고를 기록했습니다. 영업이익은 77억 엔(11.2% 증가), 경상이익은 81억 엔(10.6% 증가), 순이익은 53억 엔(26.8% 증가)으로 크게 성장했습니다. **기존 점포와 개장 점포에서 행한 각종 캠페인으로 재구매 고객이 증가해, 객수와 객단가가 모두 늘어난 것이 매출 성장의 주요인입니다.** 또한 원가율 개선과 생산성 향상에 따른 인건비 증가 억제도 효과를 발휘해 이익이 증가했습니다.

직원과 고객이 모두 만족하는 경영 시스템

네!

식칼은 이렇게 가는 거야

지금 맥주 100엔 할인 행사 중입니다

포인트 카드도 쓸 수 있고 좋네!

오늘 메뉴는 만두란다

우와

맛있겠다

오쇼

인재 육성

테이크아웃·배달

판촉활동

직원의 기술과 의욕을 향상시키기 위해, 운영 기술을 가르치는 '오쇼 대학'과, 리더를 위한 '합숙연수', 조리기술을 가르치는 '오쇼 조리도장'을 운영하고 있다. 직원들의 만족도가 높아 실적 향상으로 이어지고 있다.

메뉴를 매달 바꾸고 생맥주 행사를 지속적으로 개최하는 등 각종 캠페인을 활발하게 행하고 있다. 또한 TV 광고 등의 미디어 홍보에도 힘을 쏟고, 회원카드 캠페인도 행하여 신규 오쇼 팬을 늘리고 있다.

스마트폰으로 언제든지 쉽게 상품을 주문하고 사전 결제할 수 있는 'EPARK 테이크아웃' 시스템을 도입. 포장·배달의 매출 비율이 높아져, 신종 코로나 바이러스로 인한 외출 자제 기간 동안의 매출 감소 부담을 크게 줄일 수 있었다.

신종 코로나 바이러스로 식품산업이 부진한 가운데 오쇼가 실적 호조를 보인 요인으로는, **소비세 인상 때 도입된 경감세율 적용에 발맞춰 한발 빠르게 테이크아웃과 배달을 강화한 것을 들 수 있습니다.** 실제로 포장 매출의 비율이 상반기에는 16.6%였지만, 하반기에는 19.3%로 늘어났습니다. 동시에, 정부의 **비현금 결제** 촉진 방침에 따라, 지금까지 소극적이었던 비현금 결제를 2020년 3월에는 매출의 20.5%까지 확대시켰습니다. 이처럼 오쇼는 환경 변화에 발맞춰 유연한 대응을 보이고 있습니다. 매출총이익률이 전년 대비 0.2%, 영업이익률이 0.5% 각각 상승한 것은 **인재 육성**에 성공해 운영이 효율화되고 생산성이 향상되었기 때문이라고 볼 수 있습니다.

압도적인 실적 증가를 달성한 오쇼

📋 손익계산서 (백만 엔)

	2019년 3월 기준	2020년 3월 기준
매출액	81,638	85,571
매출총이익	57,261	60,148
영업이익	6,924	7,698
경상이익	7,310	8,084
모회사에 귀속되는 당기순이익	4,189	5,311
1주당 당기순이익	223.6엔	283.1엔

(2020년 3월 기준 결산 단신에서)

> 모든 항목의 수치가 다 높아져 실적이 좋다는 걸 한눈에 알 수 있어요!

> 매출이 39억 엔 증가해 4.8% 성장. 역대 최고치 경신!

> 모회사에 귀속되는 당기순이익은 11억 엔이 늘어 두 자릿수 성장을 달성!

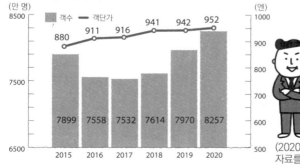

📊 객수·객단가 추이

(만 명)

| | 객수 | 객단가 |

	2015	2016	2017	2018	2019	2020
객단가	880	911	916	941	942	952
객수	7899	7558	7532	7614	7970	8257

> 객수는 전기 대비 3% 증가했고, 2017년부터 순조롭게 늘고 있어요. 인재 육성을 위한 투자가 실적을 늘리고 있네요!

(2020년 3월 기준 결산설명회 자료를 바탕으로 작성)

11

해외사업 호조로 매출과 이익이 증가한 세키스이 하우스

주택 건설사를 대표하는 세키스이 하우스. 전체적으로 부진한 업황 속에서 매출과 이익이 역대 최고를 달성할 수 있었던 이유는 무엇일까요?

일본의 신설 주택 착공 호수는 2019년 3월에 정점을 찍은 이후 소비세 인상의 영향으로 하향곡선을 그리고 있습니다. 특히 2020년 들어 그 경향은 더욱 강해져 주택 건설사는 전체적으로 어려운 상황에 처해 있습니다. 그런 가운데 세키스이 하우스의 2020년 1월 결산 매출액은 2조 4151억 엔(전기 대비 11.8% 증가), 영업이익은 2052억 엔(전기 대비 8.5% 증가)으로 매출과 이익이 역대 최고를 달성했습니다. 가장 많이 성장한 것은 국제 사업으로, 미국에서 7건의 물건을 매각하고 중국에서 맨션 판매가 호조를 보인 덕택에 매출액은 58.5% 증가, 영업이익은 172.6% 증가한 445억 엔을 기록했습니다.

세키스이 하우스의 4가지 사업은?

개발형	청부형	스톡형	국제
도시개발 사업과 맨션 사업, 도시재개발 사업이 매각물건의 감소로 매출이 줄어들었다.	단독주택과 임대주택 사업. 3·4층 임대주택의 판매 촉진으로 매출과 이익이 증가했다.	리모델링 사업과 부동산 관리 사업. 양쪽 모두 순조롭게 이익을 올리고 있다.	주로 미국 내 임대주택 개발과 중국 내 맨션 판매가 호조를 띤다.

매출과 이익이 모두 줄었어

새 집을 샀어요

살게요!

어떠십니까?

주력인 청부형 비즈니스는 주택건설 사업으로, 1사분기에 호실적을 냈습니다. 단독주택은 **ZEH(Zero Energy House, 제로에너지 기술 등을 접목한 에너지 절약형 친환경 주택) 등의 차세대형 상품에 주력해 매출액이 9.2% 증가했습니다.** 그러나 임대주택 사업은 대출 억제 등으로 매출액이 1.3% 감소했습니다. 스톡형 비즈니스는 **리모델링 사업의 매출액이 8.0% 증가했으며, 빈집 대책 등의 법 정비가 진행되고 재택근무로 자택 리모델링 수요가 늘어나 더욱 증가할 것으로 예상됩니다.** 한편, 개발형 비즈니스는 전기 실적을 6% 밑도는 결과를 보였습니다. 분양주택은 견조하고 맨션 사업은 호조였지만, 규모가 큰 도시재개발 사업이 23.9%의 감소를 기록했습니다. 오사카·나고야의 실적은 견고했던 데 비해 부진했던 도심부의 성적이 크게 영향을 미친 것으로 보입니다.

개발형만 부진한 당기 결산

매출액은 11.8%나 증가했고, 영업이익은 2000억 엔을 돌파한 걸 보면 재정이 건전하다는 걸 알 수 있어요.

세그먼트별로 보면 개발형에만 △가 붙었네요!

▨ 세그먼트별 실적 (억 엔)

	2019년 1월 기준		2020년 1월 기준			
	실적	이익률	실적	이익률	전기 대비 증감액	전기비
매출액	21,603		24,151		2548	11.8%
청부형	7,740		8,016		276	3.6%
스톡형	6,554		6,876		321	4.9%
개발형	4,118		3,871		△246	△6.0%
국제	2,459		3,898		1,439	58.5%.
매출총이익	4,445	20.6%	4,780	19.8%	334	7.5%
청부형	1,875	24.2%	1,933	24.1%	57	3.1%
스톡형	1,180	18.0%	1,249	18.2%	69	5.9%
개발형	829	20.1%	650	16.8%	△179	△21.6%
국제	489	19.9%	797	20.4%	307	62.9%
판관비	2,553		2,727		174	6.8%
영업이익	1,892	8.8%	2,052	8.5%	160	8.5%
청부형	926	12.0%	948	11.8%	22	2.4%
스톡형	605	9.2%	645	9.4%	40	6.7%
개발형	579	14.1%	394	10.2%	△185	△32.0%
국제	163	6.6%	445	11.4%	282	172.6%

(2019년도 결산 개요에서)

결산서보다 결산설명회 자료가 더 알기 쉽다

　많은 상장기업들은 기관투자자와 증권회사, 애널리스트, 언론 관계자를 대상으로 결산설명회를 진행합니다. 기업의 결산 상황에 대해 설명하는 이 회합에서 배포되는 것이 바로 결산설명회 자료입니다. 결산설명회를 하지 않는 기업도 있으므로 모든 기업이 작성하는 것은 아니지만, 결산설명회 개최 빈도가 높은 기업일수록 결산설명회 자료의 내용이 충실한 경향이 있습니다. 결산설명회는 앞서 말했다시피 기관투자자와 애널리스트 등을 대상으로 하기 때문에 참가할 수 있는 사람은 한정되어 있지만, 결산설명회 자료 자체는 기업의 홈페이지에 게재됩니다. 꼼꼼하게 읽어 볼 가치가 있으니 반드시 확인하기 바랍니다.

관계자를 대상으로 행하는 결산설명회에서, 기업이 작성해 배포하는 것이 결산설명회 자료입니다.

결산설명회 자료에 실리는 정보의 예

❶ 이익 증감의 요인 분석

결산설명회 자료는 기업의 결산 내용과 사업 상황을 설명하기 위한 것입니다. 결산 내용을 설명하는 데 그치지 않고, '어째서 기간 내 사업의 이익이 증가 혹은 감소했는가?'라는 이익 증감 내용이 요인별로 정리되어 있기도 합니다. 영업이익을 사용해 설명하는 경우가 많습니다.

❷ 회사 계획의 세그먼트별 실적

경영 계획, 사업 계획상의 세그먼트별 실적에 관한 정보가 게재되기도 합니다. 사업별 매출액, 영업이익 또는 경상이익을 체크하면 기업의 중장기 비전을 볼 수 있습니다.

❸ 환 실적 및 환 전제, 환 감응도

지난 기(期)의 환율과 회사의 향후 실적 예측에 있어 전제가 되는 환율도 중요한 정보입니다. 환율 변동이 회사의 이익에 미치는 영향의 정도(환 감응도)가 결산설명회 자료에 기재되기도 합니다.

❹ 설비투자, 감가상각비의 실적치 및 계획치

'설비투자에 돈을 얼마나 쓸 것인가' 하는 설비투자 계획치, 실제로 행해진 감가상각 금액과 '앞으로 감가상각이 얼마나 행해질 것인가' 하는 예정 계획치가 게재되기도 합니다.

Chapter

5

해외 메가테크 기업의 결산서를 살펴보자

세계적인 기업도
결산서를 보면 경영 상태를
알 수 있어요!

지금까지는 일본 기업을 중심으로 살펴봤지만, 이 장에서는 해외기업의 결산에도 눈을 돌려 봅시다. 아마존, 애플 같은 글로벌 기업은 규모가 큰 만큼 분석도 어렵게 느껴지지만, 겁먹을 필요는 없습니다.

01 전자상거래보다 클라우드 서비스로 수익을 올리는 아마존

인터넷 쇼핑몰 이미지가 강한 아마존이지만, 다른 사업으로 돈을 벌고 있다는 사실을 결산서를 통해 읽어 낼 수 있습니다.

미국의 거대 IT 기업 중 하나인 아마존의 매출은 2006년 무렵부터 급속히 증가해, 현재에 이르기까지 해마다 전년을 크게 웃돌고 있는 것이 특징입니다. 2009년의 매출은 245억 달러였지만, 2019년의 매출은 2805억 달러까지 증가했습니다. **이는 10년 만에 매출이 10배 규모가 되었다는** 뜻입니다. 소매시장이 10배로 커진 것은 아니므로, 미국에서는 기존의 백화점과 마트 등이 속속 도산하는 사태가 벌어졌습니다. 땅이 넓은 미국에서는 교외의 주거지역에서 자동차를 타고 물건을 사러 가는 경향이 강해, 일부러 먼 곳까지 나가지 않아도 되는 아마존의 편리함이 주효했다고 할 수 있습니다.

상품 판매에서 데이터 활용으로 비즈니스 변화

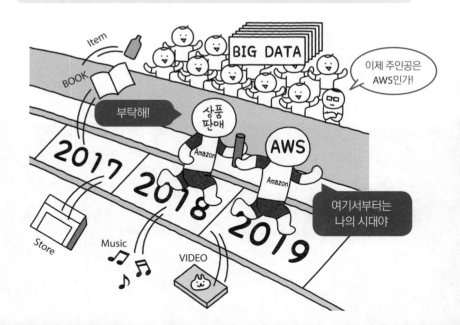

오프라인 점포가 필요 없고, 배송에 걸리는 시간이 짧으며, 무거운 상품을 배송해 주는 점도 아마존이 지지를 받는 이유 중 하나입니다. 이처럼 아마존은 인터넷 쇼핑몰 이미지가 강하지만, **실제로 아마존의 이익을 떠받치고 있는 것은 세계 1위 점유율을 차지하고 있는 AWS(Amazon Web Services) 클라우드 서비스**입니다. 2019년 북미 전자상거래 사업의 영업이익은 70억 3300만 달러로 전기를 밑돌았으며, 북미 이외의 지역에서는 16억 9300만 달러의 적자가 발생했습니다. 그러나 AWS의 영업이익은 92억 100만 달러로, 해마다 성장을 거듭하며 적자를 만회하고 있습니다. 사업이 침체기 혹은 적자여도 인터넷 판매를 계속하는 이유는 **빅 데이터를 수집하기 위함입니다. 축적한 데이터를 AWS에서 활용해 타사 서비스와 차별화를 꾀하는 것이 목표**입니다. 2019년 기준 AWS의 영업이익률은 26.3%로, 시스템과 물류 확충에 지속적으로 투자가 가능한 상태입니다.

AWS(아마존 웹 서비스)의 중요성

▨ 영업이익의 세그먼트별 비교

	2018년 12월 기준		2019년 12월 기준	
	영업이익 (백만 달러)	전기비 (%)	영업이익 (백만 달러)	전기비 (%)
북미	7,267	256.2	7,033	96.8
국제	▲ 2,142	–	▲ 1,693	–
AWS	7,296	168.5	9,201	126.1

(Amazon Form 10-K를 바탕으로 작성)

> AWS의 영업이익 신장률도 굉장해!

> 북미 전자상거래보다 AWS 영업이익이 더 커!

▨ 영업이익의 세그먼트별 비율

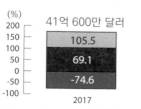

AWS ■ 북미 ■ 국제

(%)			
200			
150	41억 600만 달러	124억 2100만 달러	145억 4100만 달러
100	105.5		
50	69.1	58.7	63.3
0		58.5	48.4
-50	-74.6		
-100		-17.2	-11.6
	2017	2018	2019

(Amazon Form 10-K를 바탕으로 작성)

02

iPhone 수요는 부진하지만, 서비스 사업 매출이 증가한 애플

iPhone과 Mac컴퓨터로 친숙한 애플. 주력인 스마트폰 등의 제품 외에 서비스업에서도 매출 증가가 이어지고 있습니다.

세계적 기업인 애플도 2019년 9월 결산에서는 매출과 이익이 모두 감소했습니다. 매출은 2601억 달러로 전기 대비 2.0% 감소, 영업이익은 639억 달러로 9.8% 감소, 순이익은 552억 달러로 7.2% 감소했습니다. 그래도 **영업이익은 GAFA(Google, Amazon, Facebook, Apple) 중 최고 성적**입니다. 전기까지 여러 해 동안은 매출과 이익이 모두 증가해 순조롭게 성장을 계속해 왔습니다. 다만 이번의 매출과 이익 감소에는 명확한 이유가 있는데, 그것은 매출의 70%를 차지하는 주력상품인 iPhone의 부진 때문입니다. 당기 매출은 1423억 달러로, 전기보다 13.6%나 감소했습니다.

염원하던 제2의 기둥이 등장한 애플

iPhone과 서비스 사업의 두 바퀴 경영
수익의 축이 2개로 늘어나 수익의 안정성이 상승

안정화

iPhone

서비스 사업

iPhone

iPad

iMac

iPhone만 호조
iPhone에만 의지하던 이전의 경영에서는 iPhone의 판매 추이에 따라 회사의 실적이 좌우되었다

한 가지 상품에만 수익을 의존하는 기업 체질에는 리스크가 따르기 마련입니다. iCloud·Apple Music 같은 서비스 사업이 iPhone의 뒤를 잇는 수익원으로 성장하여 당기에는 애플 전체 매출의 17.8%를 차지했습니다. 스마트폰 수요는 이미 포화상태에 가깝고 기능과 가격에 따라 판매 동향이 달라지기도 하므로 앞날이 불투명한 느낌을 지울 수 없지만, **서비스 사업은 이익률이 높고, 구독 등으로 고객을 모으면 수익이 안정되기 쉽다**는 강점이 있습니다. 매출총이익률을 보면, 제품은 32.2%인 데 비해 서비스 사업은 63.7%입니다. 즉, 서비스 사업의 비율이 더 높아지면 큰 수익 증가를 기대할 수 있다는 뜻입니다. 지역적으로는 미국이 애플의 이익을 떠받치고 있지만, 당기는 미중 무역 마찰 등으로 중국에서의 수익 악화가 매출을 감소시켰습니다.

iPhone 의존에서 탈피

🔲 사업별 매출 추이

	2017년 9월 기준		2018년 9월 기준		2019년 9월 기준	
	매출 (백만 달러)	전기비 (%)	매출 (백만 달러)	전기비 (%)	매출 (백만 달러)	전기비 (%)
iPhone	139,337	2	164,888	18	142,381	▲14
Mac	25,569	12	25,198	▲1	25,740	2
iPad	18,802	▲9	18,380	▲2	21,280	16
기타	12,826	15	17,381	36	24,482	41
서비스	32,700	34	39,748	22	46,291	16
합계	229,234	6	265,595	16	260,174	▲2

(Apple Form 10-K를 바탕으로 작성)

🔲 iPhone과 서비스 사업의 매출액 추이

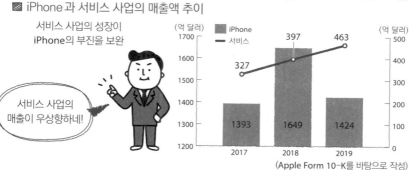

서비스 사업의 성장이
iPhone의 부진을 보완

서비스 사업의
매출이 우상향하네!

(Apple Form 10-K를 바탕으로 작성)

03 광고 사업의 앞날이 불안한 알파벳(Alphabet)

구글의 모회사인 알파벳. 구글의 수익은 광고 사업이 메인이지만, YouTube와 클라우드 서비스가 점차 늘어나고 있습니다.

구글(Google)의 지주회사 알파벳(Alphabet)의 2019년 2월 결산 매출은 1618억 달러로, 전기 대비 18.3% 증가, 영업이익은 342억 달러로 24.4% 증가, 순이익은 343억 달러로 11.7% 증가해, 매출과 이익이 크게 성장했습니다. 특히 **YouTube** 광고(전기 대비 35.8% 증가)와 **Google 클라우드**(전기 대비 52.8% 증가)의 매출이 늘어났습니다. **광고가 전체 매출의 80%를 차지하고 있지만, 최근에는 매출 신장률이 정체된 상태**입니다. 2017~2018년에는 20%가 넘는 신장률을 보였지만, 2019년의 신장률은 10%대 후반에 머물렀습니다.

새로운 사업이 성장을 떠받치는 'Google'

광고 사업을 더욱 세분화해 살펴보면, YouTube 광고의 당기 매출은 35.8% 늘었지만 전기의 36.9% 증가에 비하면 약간 둔화되었다고 할 수 있습니다. **Google 검색**의 당기 매출 신장률 또한 15%로, 전기의 22.2%에 비교하면 부진한 편입니다. 또한 신종 코로나의 영향으로 매출 감소가 우려되고 있습니다. Google 광고의 이용자 대다수가 중소기업인데, 1억 5000만 명의 노동인구 중 3000만 명 이상이 실업상태라고 하는 **미국에서 중소기업이 광고를 내기가 어려워지고 있기** 때문입니다. 그 영향으로 올해 실적은 부진할 것으로 예상되나, 한편으로 집콕 생활과 재택근무 등으로 **YouTube와 Google 클라우드의 수요가 증가하고 있어 Google 광고의 부진을 보완**할 것으로 보입니다.

차세대 구글을 떠받치는 2개의 서비스

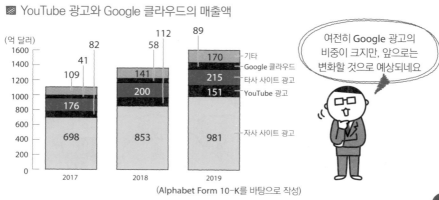

▨ YouTube 광고와 Google 클라우드의 매출액

(Alphabet Form 10-K를 바탕으로 작성)

여전히 Google 광고의 비중이 크지만, 앞으로는 변화할 것으로 예상되네요

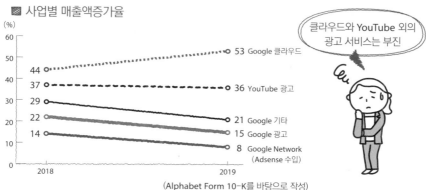

▨ 사업별 매출액증가율

(Alphabet Form 10-K를 바탕으로 작성)

클라우드와 YouTube 외의 광고 서비스는 부진

04

사용자 수 세계 No.1으로 광고 사업이 안정적인 페이스북

세계 최대의 SNS를 운영하는 페이스북. 광고 사업의 전망이 불투명한 가운데, 매출과 사용자 수가 전기를 크게 웃돌아 매출과 이익이 모두 증가했습니다.

페이스북의 2019년 12월 결산 매출은 707억 달러로 전기를 27% 웃돌았지만, 영업이익은 240억 달러로 4% 감소, 순이익은 185억 달러로 16% 감소했습니다. 미 정부에서 부과한 **제재금** 부담으로 인해 **영업이익률도 전기 45%에서 당기 34%에 머물렀습니다.** **데이터 유출**에 대한 페이스북의 대응책 등이 문제 시되어 50억 달러의 제재금이 부과된 것입니다.

지속적으로 늘어나는 이용자가 수익의 원천

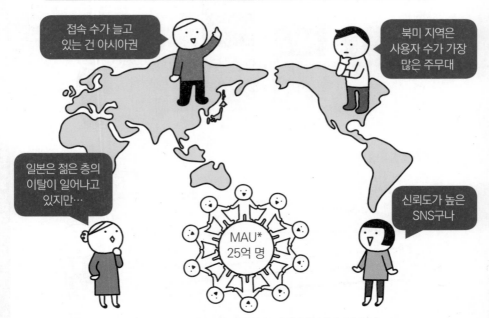

접속 수가 늘고 있는 건 아시아권

북미 지역은 사용자 수가 가장 많은 주무대

일본은 젊은 층의 이탈이 일어나고 있지만…

MAU*
25억 명

신뢰도가 높은 SNS구나

*MAU: Monthly Active Users. 월간 액티브 유저 수(월간 활성 이용자 수).

페이스북의 매출은 98%가 광고수입입니다. 동사의 SNS는 실명·성별·생년월일·취미와 관심·관계 같은 **사용자의 개인정보를 수집·분석해 정교한 광고를 진행할 수 있다는 점이 강점이자 광고주에게 큰 매력으로 작용**합니다. 또한 SNS는 회원 수도 중요하지만, 실제로 이용하는 사람이 얼마나 되는지가 중요합니다. 그 지표가 **액티브 유저 수**인데, 동사의 일간 액티브 유저는 16.6억 명, 월간 액티브 유저는 25억 명입니다. 지역별 수익을 보면 사용자 1인당 수익은 세계 평균 8.52달러지만, 북미는 41.41달러로 큰 비중을 차지하고 있어 북미 사용자의 증가가 수익에 큰 영향을 미칩니다. 당기에는 북미의 액티브 유저가 100만 명 정도밖에 증가하지 않은 점이 우려되고 있습니다.

제재금 부담에도 영업이익은 증가

▨ 페이스북의 실적   (Facebook Form 10-K를 바탕으로 작성)

		2019년 12월 기준 (백만 달러)	전기비 (%)
수익	광고	69,655	27
	기타	1,042	26
수익 합계		70,697	27
경비 합계		46,711	51
영업이익		23,986	▲4
영업이익률		34%	–
법인세		6,327	95
실효세율		25%	–
당기순이익		18,485	▲16
주가희석 후 1주당 이익(EPS)		6.43	▲15

> 제재금이 영향을 미쳤다 ⇒ 실질적으로는 플러스

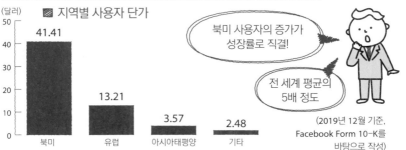

▨ 지역별 사용자 단가

(달러)

- 북미: 41.41
- 유럽: 13.21
- 아시아태평양: 3.57
- 기타: 2.48

> 북미 사용자의 증가가 성장률로 직결!

> 전 세계 평균의 5배 정도

(2019년 12월 기준, Facebook Form 10-K를 바탕으로 작성)

05 클라우드 서비스의 호조로 매출과 이익이 모두 증가한 마이크로소프트

Windows 컴퓨터로 친숙한 마이크로소프트. 독자적인 클라우드 서비스 사업이 성공을 거두어 역대 최고 이익을 기록했습니다.

세계적인 IT 기업 중에서도 깊은 역사를 지닌 마이크로소프트는 1995년에 발매한 컴퓨터 OS **'Windows95'**가 큰 인기를 얻어 1997년에 세계 시가총액 상위 5위를 차지했습니다. 그 후에도 비즈니스 수요를 끌어들여 성공을 이어 갔고, 2007년에는 세계 시가총액 6위가 되었지만 2017년에도 순위에 들어가는 등 **20년에 걸쳐 높은 시가총액을 유지하고 있습니다. 마이크로소프트가 경쟁이 치열한 IT 업계에서 오랜 기간 살아남아 높은 평가를 받고 있는 것은 시대에 발맞춰 지속적으로 변화해 왔기 때문**이라고 할 수 있습니다.

비즈니스 모델을 전환한 유서 깊은 기업

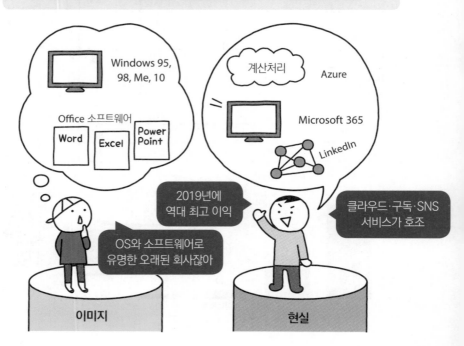

2019년 6월 결산 매출은 1258억 4300만 달러로 전기 대비 14% 증가, 순이익은 392억 4000만 달러로 137% 증가해 역대 최고 이익을 달성했습니다. **마이크로소프트는 OS에서 큰 성공을 거뒀지만, 스마트폰 시장으로는 제대로 사업을 전개하지 못하고 있었습니다. 그러나 최근에는 클라우드 서비스가 성장하며 수익을 떠받친 덕분에** 과거 동사가 주력한 신규게임 사업(XBox)의 판매 부진을 보완하고 있습니다. 그중에서도 계산처리 능력을 제공하는 Azure 사업은 전기보다 매출이 64%나 증가해 높은 성장을 이어 가고 있습니다. 또한 Word와 Excel 등의 비즈니스 소프트웨어 'Microsoft Office'도 패키지 판매가 아닌 구독 방식의 **온라인 소프트웨어** 'Microsoft 365'로 바꾸어 매출이 31%나 신장했습니다. 그 외에도 **비즈니스 특화형 SNS** 'LinkedIn(링크드인)'의 매출이 25% 증가하는 등 새로운 분야가 순조롭게 성장하고 있습니다.

새로운 세그먼트에서 수익을 대폭 확보

■ 실적 추이

매출액은 우상향!

(억 달러)
■ 매출액
■ 영업이익

연도	매출액	영업이익
2010	625	241
2011	699	272
2012	737	218
2013	778	268
2014	868	278
2015	936	182
2016	853	202
2017	966	290
2018	1104	351
2019	1258	430

(Microsoft Form 10-K를 바탕으로 작성)

■ 서비스별 매출액증가율

	전기비
기업용 **Office**와 클라우드 서비스	14%
기업용 **Office**365	31%
가정용 **Office**와 클라우드 서비스	6%
LinkedIn	25%
다이내믹스 제품과 클라우드 서비스	12%
Dynamics 365	45%
서버 제품과 클라우드 서비스	22%
Azure	64%

	전기비
엔터프라이즈 제품	4%
Windows OEM	9%
기업용 Windows 제품과 클라우드 서비스	13%
트래픽 획득 비용을 제외한 검색광고	9%
Surface	14%
게임사업	▲10%
Xbox의 소프트웨어와 서비스	▲3%

(Microsoft Earnings Release FY19Q4를 바탕으로 작성)

06

소프트웨어 구독화로 실적 호조를 보이고 있는 어도비

Photoshop을 비롯한 디자인 분야 소프트웨어로 전 세계에서 높은 점유율을 자랑하는 어도비의 비즈니스 모델을 결산서를 통해 살펴봅시다.

경쟁력 있는 소프트웨어를 전 세계에 제공하고 있는 어도비는 특히 사진 소프트웨어 'Photoshop', 일러스트 제작 소프트웨어 'Illustrator', 디자인 소프트웨어 'InDesign' 같은 **디자인 분야 소프트웨어의 평판이 높아 많은 전문 사용자들에게 지지를 얻고 있습니다. 또한 무료 PDF 열람 소프트웨어 'Acrobat Reader'로 많은 사용자를 확보해 브랜딩에도 성공**했습니다. 동사는 사용자 지원을 통해 축적한 빅 데이터를 광고와 마케팅에 활용하고 있습니다.

패키지 판매에서 탈피해 안정

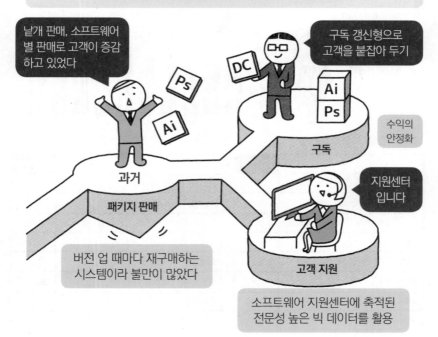

낱개 판매, 소프트웨어별 판매로 고객이 증감하고 있었다

구독 갱신형으로 고객을 붙잡아 두기

수익의 안정화

지원센터 입니다

과거

패키지 판매

구독

버전 업 때마다 재구매하는 시스템이라 불만이 많았다

고객 지원

소프트웨어 지원센터에 축적된 전문성 높은 빅 데이터를 활용

흥망성쇠가 격심한 소프트웨어 업계에서 어도비의 매출과 영업이익은 해마다 순조롭게 늘어나, 2019년 11월 결산 매출은 111억 7000만 달러로 전기 대비 23.7% 증가, 매출총이익은 95억 달러로 21.2% 증가, 순이익은 29억 5000만 달러로 13.9% 증가했습니다. GAFA에 비하면 규모는 크지 않지만, 증가율과 이익률 등은 주목할 만한 수치라고 할 수 있습니다. **최근에 실적이 호조인 것은 오랫동안 패키지로 판매하던 소프트웨어의 판매를 구독 방식으로 전환한 것**이 주효한 덕분입니다. 지금은 구독의 총수익 비율이 89%까지 높아져, 금액으로는 99억 9450만 달러에 달할 정도입니다. 동사의 사업은 3개의 세그먼트로 나누어지는데 그중 디지털 미디어 사업과 디지털 익스피리언스 사업이 크게 신장했습니다. 양쪽 모두 독자적인 차별화에 성공했다고 볼 수 있어 미래 성장까지 기대할 수 있습니다.

안정된 경영을 이어 가는 유서 깊은 기업

☑ 두 자릿수 증가가 이어지는 영업이익률

(백만 달러)

	2016년 11월 기준	2017년 11월 기준	2018년 11월 기준	2019년 11월 기준
매출액	5,854	7,302	9,030	11,171
증감률	22.1%	24.7%	23.7%	23.7%
영업이익	1,494	2,168	2,840	3,268
증감률	65.4%	45.2%	31.0%	15.1%
영업이익률	25.5%	29.7%	31.5%	29.3%

(Adobe Form 10-K를 바탕으로 작성)

☑ 크리에이티브 클라우드·도큐먼트 클라우드의 매출 비율

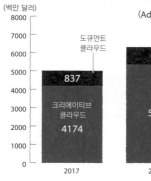

(백만 달러)

(Adobe Form 10-K를 바탕으로 작성)

도큐먼트 클라우드

2017	2018	2019
837	982	1225
크리에이티브 클라우드 4174	5343	6482

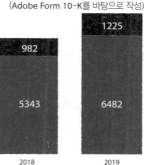

업계 표준 소프트웨어라 안정적이에요

도큐먼트 클라우드
클라우드 보존 등의 서비스

크리에이티브 클라우드
디자인 소프트웨어 등의 제품과 서비스

127

07

사용자 수 증가로
2년 연속 흑자인 트위터

젊은 층을 중심으로 인기 있는 SNS 트위터. 상장 이후 적자가 이어졌지만, 2018년부터 2년 연속 흑자로 돌아섰습니다.

트위터의 2019년 12월 결산 매출은 34억 5933만 달러, 영업이익은 3억 6637만 달러, 당기순이익은 14억 6566만 달러로 좋은 실적을 보였습니다. 그러나 현재는 흑자지만 **동사의 영업이익이 적자를 벗어난 것은 2017년부터고, 누적손실이 해소되어 유보이익의 계상이 가능해진 것은 2019년부터입니다. 다시 말해, 트위터는 오랫동안 이익을 내지 못했다는 뜻**입니다. 매출 추이로 보면 2016년 경까지는 순조로웠다가 2017년에 약간 감소하고, 그 후 다시 늘기 시작한 상황입니다.

예상외로 험난했던 트위터의 여정

트위터의 액티브 유저는 '광고를 클릭'해 '이익에 기여하는 유저'를 말합니다. 페이스북 등과 단순 비교할 수는 없지만, 전기와 비교해도 액티브 유저가 착실하게 증가하고 있으며 이 증가세가 수익 향상으로 이어지고 있습니다. 수익 면에서 보면 매출총이익률이 66.75%로 높은 것이 특징인데, 적자가 이어지던 시기에는 영업비용이 컸습니다. 이 지출을 줄이기 위해 2017년에 구조조정을 단행한 결과, 흑자화로 이어졌습니다. 흑자 전환한 뒤로 누적손실을 없애고 유보이익을 내기까지 걸린 기간이 적자 기간에 비해 매우 짧은 것은, 높은 매출총이익률과 함께 구조조정을 단행한 것이 큰 요인이라 할 수 있습니다. 또한 미국인 사용자에 이어 일본인 사용자가 많다는 점도 동사의 특징입니다.

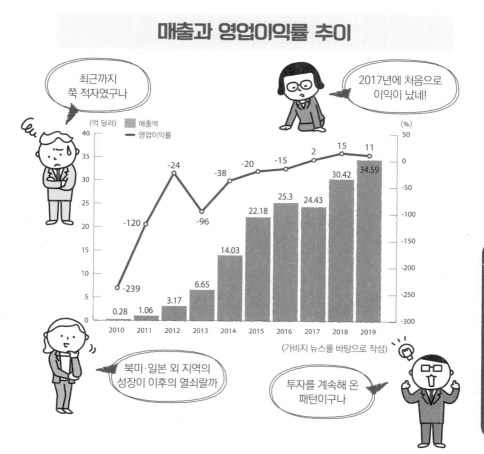

매출과 영업이익률 추이

(가비지 뉴스를 바탕으로 작성)

column
5

외국기업 결산서의 기본

외국기업은 매력적인 투자처입니다. 마이크로소프트나 아마존처럼 시가총액이 큰 글로벌 기업들이 존재하고, 이율이 높은 고배당주도 매수할 수 있기 때문입니다. 투자 시 리스크를 분산시키기 위해서도 외국기업의 결산서를 읽을 수 있다면 좋을 것입니다. 37쪽에서 소개한 대로 미국에서 상장된 기업이라면 EDGAR에서 결산서를 볼 수 있습니다. 또한 '○○(기업명) IR'로 Google에 검색하면, 기업 공식 홈페이지에서 결산서를 확인할 수 있습니다. 'Form 10-Q'가 4분기 결산보고서로, 일본 기업의 결산서에 해당하는 정보가 게재되어 있습니다.

기업 공식 홈페이지의 'Financial Data(재무 데이터)'라는 곳에 결산서가 게재되어 있어요.

재무3표에서 사용되는 주요 단어의 영어 표현

손익계산서(profit and loss statement)	
매출액	sales
매출원가	cost of sales
매출총이익	gross profit
판매비 및 관리비	selling general and administrative expenses
영업이익	operating income
영업외수익 (비용)	non-operating income(expense)
영업손실	operating loss
세전당기이익	income before taxes
법인세 등	income tax expense
당기순이익	net income
지급이자	interest expense
기타 수익 (비용), 순액	other income(expense), net
수취이자 및 수취배당금	interest and dividend income

재무상태표(balance sheet)	
유동자산	current assets
유가증권	securities
재고자산	inventories
유형고정자산	property, plant and equipment
유동부채	current liabilities
차입금	debt
기타미수금	other receivables
주주자본 (순자산)	shareholders' equity
이익잉여금	retained earnings
이연법인세자산	deferred income taxes
투자자산 및 대여금	investments and advances
영업권	goodwill
받을어음 및 외상매출금	trade accounts and notes receivable

현금흐름표(cash flow statement)	
영업 CF	operating cash flow
투자 CF	investing cash flow
재무 CF	financing cash flow
외상매출금	accounts receivable
외상매입금	accounts payable
감가상각비	depreciation and amortization
신주 발행	proceeds from issuance of new shares
지급이자	cash paid for interest
배당금 지급	dividends paid
이연법인세	deferred income taxes

売上総利益
売上原価
営業利益
販管費

Chapter

6

동종 업계 타사와 결산서를 비교해
경영전략을 읽어 내자

IoT

유명 기업을
비교해 보자!

지금까지는 각 기업별로 결산서를 살펴봤지만, 여러 기업의 결산서를 비교해 보면 각 기업의 특징을 더 뚜렷하게 알 수 있습니다. 같은 업계의 회사를 비교함으로써 경영 상태뿐 아니라, 비즈니스 모델과 수익구조의 차이도 읽을 수 있게 됩니다.

01

세븐일레븐 재팬 vs. 패밀리마트

편의점 업계의 강자 세븐일레븐과 패밀리마트. 같은 편의점이라도 서로 다른 경영전략에 의해 결산서에 큰 차이가 나타납니다.

양 사의 가장 큰 차이는 점포당 **평균 일매출**입니다. 2020년 2월 결산을 살펴보면 세븐일레븐은 일매출이 65만 6,000엔이지만 패밀리마트는 52만 8,000엔입니다. 점포 면적과 운영비용 등은 양 사에 큰 차이가 없음에도 불구하고 **개별 점포의 매출이 약 20%나 차이 날 정도라면, 재무적인 면 곳곳에서 차이가 드러나기 마련입니다.** 세븐&아이 홀딩스의 연결결산은 대형 슈퍼마켓 등을 운영하는 유통업체 이토요카도를 포함하고 있으므로, 편의점 사업에 대한 비교는 세븐일레븐 재팬과 행하면 그 차이가 더욱 두드러집니다.

부동의 1위와 3위의 기본적인 차이는

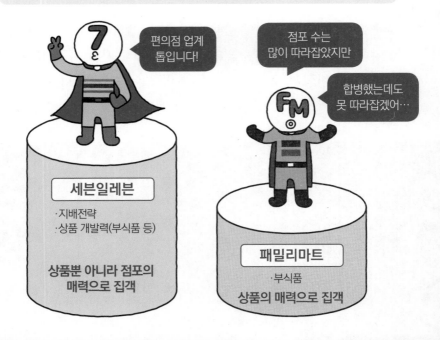

편의점 업계 톱입니다!

점포 수는 많이 따라잡았지만

합병했는데도 못 따라잡겠어…

세븐일레븐

· 지배전략
· 상품 개발력(부식품 등)

상품뿐 아니라 점포의 매력으로 집객

패밀리마트

· 부식품

상품의 매력으로 집객

예를 들어 이익률을 봤을 때, 세븐일레븐 재팬은 30% 가까이 되지만 패밀리마트는 12.5%입니다. **고정비는 크게 다르지 않지만 일매출의 격차로 인해 이익률에 차이가 발생했습니다.** 순자산에 대해서도 똑같이 말할 수 있습니다. 이익률이 높고 이익잉여금을 많이 쌓아 두고 있는 세븐일레븐 재팬의 순자산은 1조 4784억 1600만 엔인 데 비해, 패밀리마트는 5984억 3000만 엔으로 세븐일레븐 재팬의 40% 정도입니다. 정교한 **지배전술**과 부식품을 필두로 한 뛰어난 상품 개발력으로 세븐일레븐 점포만의 매력을 창출한 것이 일매출의 차이로 이어졌습니다. **슈퍼바이저**(점포관리자)를 통해 본사 방침을 각 점포에 철저하게 주지시킴으로써 종합력을 발휘하고 있습니다.

세븐일레븐과 패밀리마트의 차이는?

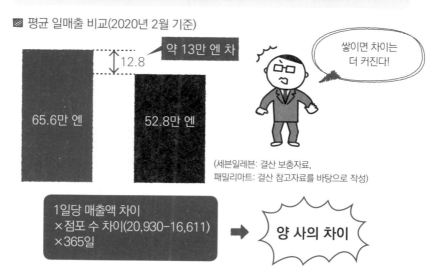

▨ 평균 일매출 비교(2020년 2월 기준)

약 13만 엔 차

12.8

65.6만 엔

52.8만 엔

쌓이면 차이는 더 커진다!

(세븐일레븐: 결산 보충자료,
패밀리마트: 결산 참고자료를 바탕으로 작성)

1일당 매출액 차이
×점포 수 차이(20,930-16,611)
×365일 ➡ 양 사의 차이

▨ 실적 비교(2020년 2월 기준)

(백만 엔)

	영업이익	영업이익률	순자산
세븐일레븐 재팬	253,980	28.6%	1,478,416
패밀리마트	64,547	12.5%	598,430

(양 사의 2020년 2월 기준 결산 단신에서)

일본 맥도날드 홀딩스 VS. 일본 KFC 홀딩스

02

패스트푸드점을 대표하는 맥도날드와 KFC는 매출과 이익이 모두 늘고 있습니다. 양 사가 수익을 올리는 방식을 비교해 봅시다.

2019년 12월 결산 자료를 보면, **일본 맥도날드 홀딩스**는 외식산업인데도 **매출원가율이 86.1%로 경이적으로 높다는 점**이 눈에 띕니다. 이는 매출원가에 **노무비**(점포 종업원의 인건비)와 점포 임차료가 포함되어 있기 때문입니다. 대부분의 기업은 보통 이 비용들을 판관비에 계상합니다. **일본 KFC 홀딩스(KFC)의 2020년 3월 결산 매출원가율은 56.1%지만 판관비율은 37.9%입니다.** 공장 같은 장소에서 집중 조리하는 센트럴키친 등의 경우 기업마다 인건비를 처리하는 방식이 다릅니다.

맥도날드와 KFC가 호조인 이유

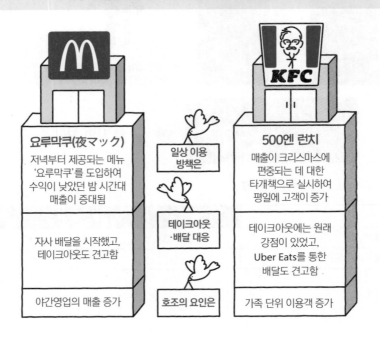

KFC에서 주목할 점은 유형고정자산이 적다는 것입니다. 기계·설비가 많지 않고 신규 출점도 적은 편입니다. 이를 투자현금흐름에서 살펴보면, 과거 2년간은 투자 금액을 2~6억 엔 정도로 억제하는 등 투자에 소극적인 경향을 보임을 알 수 있습니다. 그 이전에는 36억 엔, 48억 엔의 대규모 투자를 실행한 해도 있었습니다. 그러나 투자 대비 효과가 충분하지 않자 메뉴를 개편하는 등 기반을 다지는 전략으로 선회하여, 고객이 늘고 재무구조가 개선되었습니다. 반대로 맥도날드는 전기보다 유형고정자산이 증가하는 등 활발한 투자를 행하고 있습니다. 또한 **양 사 모두 지금까지 주력했던 테이크아웃과 배달, 주문 피크 시기의 평준화를 꾀하여 수익을 늘려 나가고 있습니다.**

※맥도날드: 아침·점심 중심 → 저녁 메뉴 도입
※KFC: 12월 피크 → 500엔 런치 개시—일본은 크리스마스에 KFC 치킨을 먹는 문화가 있다.

실적 호조인 양 사의 차이는?

▨ 양 사의 전기 대비 성장률

(맥도날드: 통기결산발표, 세일즈리포트,
KFC: 결산참고자료, 월차자료를 바탕으로 작성)

	기존 점포 매출액	객수	객단가	전체 점포 매출액		기존 점포 매출 전기비
일본 맥도날드 ※1	4.5% 증가	2.4% 증가	2.1% 증가	4.7% 증가	➡	50개월 연속 증가 ※3 (17분기 연속)
켄터키 프라이드 치킨(KFC) ※2	10.1% 증가	10.1% 증가	0.02% 감소	8.9% 증가	➡	16개월 연속 증가

※1: 2019년 12월 기준 매출액 2817억 엔
※2: 2020년 3월 기준 매출액 796억 엔　※3: 2015년 9월~2019년 12월

▨ 원가율 차이의 이유

맥도날드

	(백만 엔)	(%)
직영 매출원가	169,728	86.1
재료비	69,649	35.3
노무비	54,212	27.5
기타	45,866	23.3

켄터키 프라이드 치킨

(백만 엔)

매출원가	56.1%
매출원가	39,732
기타원가	4,942
매출원가 합계	44,674
판매비 및 관리비	30,173

(양 사의 2019년도 결산 단신에서)

03 요시노야 홀딩스 vs. 마쯔야 푸드 홀딩스

규동 음식점을 대표하는 요시노야와 마쯔야. 같은 규동 음식점인데도 매출액 차이가 크게 나는 이유를 찾아봅시다.

두 기업 모두 규동 음식점으로 유명하지만 영업이익률에는 차이가 있습니다. 요시노야 홀딩스(요시노야)의 2020년 2월 결산 매출액은 2162억 100만 엔이고 영업이익은 39억 2600만 엔, 영업이익률은 1.8%였습니다. 한편 마쯔야 푸드 홀딩스(마쯔야)의 동년 3월 결산 매출액은 1065억 1100만 엔, 영업이익은 50억 7900만 엔으로 영업이익률 4.8%를 기록했습니다. **요시노야의 매출액은 마쯔야의 2배 이상이지만 영업이익은 80% 정도**에 불과합니다. 마쯔야가 다양한 정식(定食) 메뉴를 제공하는 데 비해 요시노야는 규동의 비중이 높기 때문에, 가격경쟁이 일어났을 무렵부터 이익을 내기 힘든 상황이 된 것으로 보입니다.

총매출보다 영업이익률이 실적의 열쇠

※2020년 3월 기준

요시노야의 **세그먼트**를 보면, 스테이크하우스 **'폴크스(Volks)' 등을 운영하는 '아크밀(안라쿠테이에 매각)'이 적자**이고 '교타루'도 이익이 신통치 않아, 새로운 초특대 사이즈 메뉴의 도입으로 실적 회복 기조에 접어든 '요시노야'와 '하나마루 우동'이 낸 이익의 발목을 잡는 모양새가 되었습니다. 마쯔야는 '마쯔노야'도 운영하고 있지만 현 단계에서는 '마쯔야'가 수익의 주축이 되고 있습니다. '마쯔노야'의 점포 수는 계속 증가하고 있으며 실적도 호조를 보이는 중입니다. **양 사 모두 국내 규동 시장에 한계를 느껴 요시노야는 '하나마루'에 주력하고 마쯔야는 '마쯔노야'의 확장을 가속화할 예정입니다.** 주력인 규동은 가격경쟁의 여파로 판매가 한계에 이르러 이익 향상을 기대하기 어려운 상황입니다. 이런 배경에서 **신규사업**의 전개가 양 사의 향후 과제라 할 수 있겠습니다.

이익률이 명암을 가른 동종업계 두 기업

▨ 매출액과 영업이익의 비교

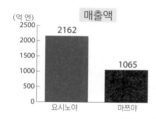

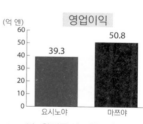

(요시노야는 2020년 2월 기준, 마쯔야는 3월 기준. 양 사 모두 결산 단신을 바탕으로 작성)

이익률이 다른 게 큰 이유

▨ 요시노야 홀딩스의 세그먼트별 이익

	세그먼트 이익 (백만 엔)	전기비 (%)
요시노야	5,935	68.5
하나마루	1,252	100.5
아크밀	▲309	–
교타루	457	182.1

(요시노야 홀딩스의 2020년 2월 결산 단신을 바탕으로 작성)

마쯔야 푸드 홀딩스의 세그먼트별 실적은 기재되어 있지 않아서 알 수 없어요

요시노야 홀딩스는 개별로는 건투하고 있지만, 이익률이 안 좋네요

미즈호은행 VS. 유초은행

미즈호은행 같은 메가뱅크와 유초은행은 다른 성장내력을 지니고 있습니다.
그 차이를 통해 구조를 이해합시다.

**유초은행(유초)은 일본의 은행 중 현금예금 잔고가 가장 많은 은행입니다. 원래
일본 우정성 사업이었기 때문에 전국 구석구석까지 거미줄처럼 퍼져 있는 네트
워크가 강점입니다.** 지점 수는 총 2만 4,000국이고 ATM 설치 대수는 약 3만
2,000대입니다. 유초은행의 2020년 3월 예금 잔고는 183조 19억 엔, 미즈호
파이낸셜 그룹의 중심인 미즈호은행의 동기 예금 잔고는 126조 3370억 엔이
었습니다. 일반적인 기업의 경우 **예금은 자산이 되지만, 은행은 이용자로부터
빌린 자금이므로 재무상태표에 부채로 계상됩니다.**

두 은행의 국내 개인 예적금 비율

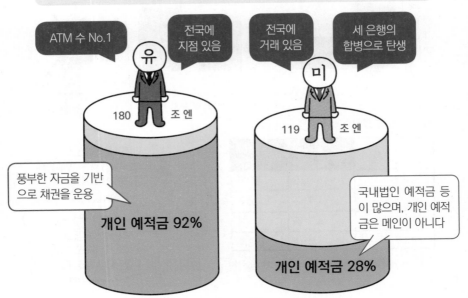

ATM 수 No.1

전국에 지점 있음

전국에 거래 있음

세 은행의 합병으로 탄생

유

미

180 조 엔

119 조 엔

풍부한 자금을 기반으로 채권을 운용

국내법인 예적금 등이 많으며, 개인 예적금은 메인이 아니다

개인 예적금 92%

개인 예적금 28%

(2019년 3월 기준 유초은행: 2019년 개인 투자자 대상 설명회 자료를 바탕으로 작성)

유초은행은 예금을 **채권**으로 운용하고 있어, 135조 2045억 엔이라는 막대한 금액의 **유가증권**을 보유하고 있습니다. 한편, 미즈호은행은 타행에 비해 대출 사업이 활발해 그 금액이 무려 83조 4682억 엔에 이릅니다. 이는 기업에 융자 하거나 개인에게 주택자금으로 대출한 것이어서 **이자** 및 수수료가 수익으로 들어옵니다. 전국에 지점과 수많은 거래 기업을 보유한 것이 미즈호은행의 특징입니다. 일본 기업의 약 70%, 세계적으로는 포브스 글로벌 2000에 오른 기업의 약 80%와 거래하는 것으로 알려져 있습니다. **유초은행은 채권에 의한 중장기 운용이 중심이지만, 미즈호은행은 지급 가능성에 대비해 중단기 운용과 융자가 중심이므로 유초은행에 비해 저금리의 영향을 받기 쉽다**고 할 수 있습니다.

유초은행과 미즈호은행의 차이

■ ATM 설치 대수와 예금액(2020년 3월 기준)

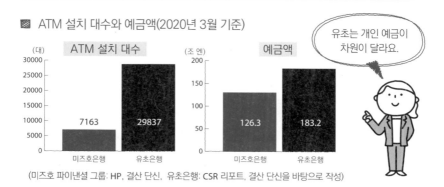

(미즈호 파이낸셜 그룹: HP, 결산 단신. 유초은행: CSR 리포트, 결산 단신을 바탕으로 작성)

■ 두 은행의 수익구조 차이

05 기린 양조 vs. 아사히 그룹 홀딩스

대형 맥주회사 기린과 아사히. 맥주 수요가 감소하는 가운데, 양 사가 전개하는 비즈니스 전략을 숫자로 풀어 봅시다.

기린 양조(기린)와 아사히 그룹 홀딩스(아사히)의 가장 큰 차이는 M&A에 대한 적극성에서 찾아볼 수 있습니다. 아사히는 호주의 맥주회사인 칼튼&유나이티드 브루어리즈를 1조 2000억 엔에 매수하는 등 대형 M&A에 적극적입니다. 이는 재무상태표에도 드러나, 2019년 12월 기준 **영업권** 및 **무형자산**에 1조 3984억 엔이 계상되었습니다. 이러한 적극적 M&A의 배경에는 저출산과 인구 감소, 주류의 다양화 등으로 맥주의 국내 수요가 한계에 이르렀거나 감소할 가능성이 높다고 보는 시각이 있습니다.

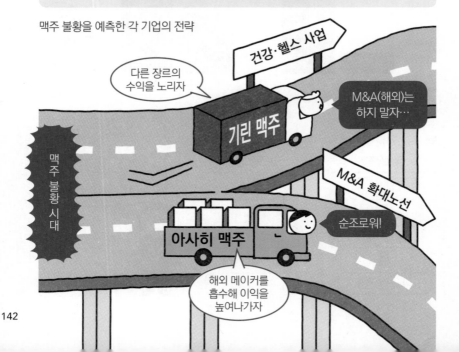

맥주 회사의 경영 전략 차이

맥주 불황을 예측한 각 기업의 전략

건강·헬스 사업

다른 장르의 수익을 노리자

M&A(해외)는 하지 말자…

기린 맥주

맥주 불황 시대

M&A 확대노선

순조로워!

아사히 맥주

해외 메이커를 흡수해 이익을 높여나가자

기린도 일본 내 맥주 수요가 감소할 것을 예상하면서 **기업의 활로를 사업 다각화에서 찾고 있습니다. 특히 주력하고 있는 분야는 건강·헬스 관련 사업입니다.** 쿄와기린(의약)과 쿄와발효바이오(바이오 케미컬) 등을 산하에 두고 판켈(화장품·건강식품)에 출자해, 이들 의약사업의 2019년 12월 결산 매출은 3048억 엔에 이릅니다. 동사는 과거 브라질에서 M&A를 진행해 거액의 손실을 입은 일을 계기로 탈(脫) 맥주 사업으로 방향을 틀었습니다. 그 결과, 당기 해외 사업의 매출은 2997억 엔에 머물렀습니다. 반면, 아사히는 해외에서 6995억 엔의 매출을 확보했습니다. **주류 메이커의 통합·재편은 세계적인 추세로 자리 잡고 있어, 산토리 홀딩스가 미국의 주류회사 Beam을 인수하는 등의 활발한 움직임을 볼 수 있습니다.**

맥주 업계의 신규사업 경향

(백만 엔)

기린	
매출	1,941,305
영업이익	190,754
세전이익	116,823
당기이익	81,438
모회사에 귀속되는 당기이익	59,642

본업은 양 사 모두 힘든 상황

(백만 엔)

아사히	
매출	2,089,048
영업이익	212,971
세전이익	201,436
당기이익	141,290
모회사에 귀속되는 당기이익	142,207

건강·헬스 사업

노선이 달라요

M&A

해외사업보다 의약 사업에 적극 진출

과거의 실패를 계기로 타 업종 진출을 꾀하고 있다

해외사업 2,997억 엔

의약사업 3,049억 엔

해외에 적극 투자

해외에서의 매출 상승을 기대한 적극적 M&A

해외사업 6,995억 엔

(2019년 12월 기준 양 사의 결산 단신을 바탕으로 작성)

06 산리오 vs. 오리엔탈랜드

'헬로 키티'로 유명한 산리오와 '디즈니'의 오리엔탈랜드를 통해 캐릭터 비즈니스 전략의 차이를 알아봅시다.

2020년 3월 결산 산리오의 매출은 552억 6100만 엔으로 전기 대비 6.5% 감소, 영업이익은 21억 600만 엔으로 56% 감소, 모회사에 귀속되는 당기순이익은 1억 9100만 엔으로 95.1% 감소하여 매출과 이익이 모두 줄어들었습니다. 한편, 오리엔탈랜드 또한 동기 매출이 4644억 5000만 엔으로 11.6% 감소, 영업이익은 968억 6200만 엔으로 25.1% 감소, 모회사에 귀속되는 당기순이익은 622억 1700만 엔으로 매출과 이익이 감소했습니다. **양 사 모두 신종 코로나로 인한 휴업과 고객 감소로 테마파크 입장객 수와 굿즈 매출이 크게 줄었습니다.**

과거 4년간 순이익의 추이

■ 산리오

세계적인 붐도 가라앉은 거나옹

경상이익도 하향곡선이다냥~

2017 64.8억 엔
2018 49.3억 엔
2019 38.8억 엔
2020 1.9억 엔

■ 오리엔탈랜드

도쿄 디즈니씨 15주년이라!

35주년이라 증가!

폐장 기간이 치명적이었어…

2017 823.7억 엔
2018 811.9억 엔
2019 902.9억 엔
2020 622.2억 엔

(양 사의 결산 단신을 바탕으로 작성)

산리오가 한때 영업이익 200억 엔을 넘겼던 것에 비하면 현재는 실적이 부진한 상태라고도 할 수 있습니다. 그 당시에는 유럽에 **캐릭터 붐**이 일었지만, 현재는 북미 시장과 함께 적자를 기록하고 있기 때문입니다. 오리엔탈랜드에서 운영하는 도쿄 디즈니 리조트는 새로운 콘텐츠를 속속 선보여 최근에도 '안나와 눈의 여왕' 등이 인기를 끌었으며, 이러한 지속적인 인기가 안정된 수익으로 이어지고 있다고 할 수 있습니다. 한편, 산리오는 원가율이 36.6%이고 판관비율은 59.6%여서 **원가가 낮고 판관비가 높은 비즈니스 모델입니다. 이는 캐릭터를 사용한 라이선스 사업의 비율이 높기 때문**입니다. 이에 반해 오리엔탈랜드의 주요 사업은 라이선스로 디즈니의 파크 사업을 운영하는 것이기 때문에 운영비·감가상각비는 원가에 들어가므로 원가율이 높고, 광고선전과 본사 비용인 판관비는 낮아지는 점이 다릅니다.

캐릭터 비즈니스 업계의 양대 산맥 비교

◾ 양 사의 재무지표(2020년 3월 기준)

	산리오		오리엔탈랜드	
	금액 (백만 엔)	매출구성비 (%)	금액 (백만 엔)	매출구성비 (%)
매출액	55,261	100.0	464,450	100.0
매출원가	20,222	36.6	300,601	64.7
매출총이익	35,039	63.4	163,849	35.3
판관비	32,910	59.6	66,986	14.4
영업이익	2,106	3.8	96,862	20.9
유형고정자산	15,890	–	610,586	–
유형고정자산회전율	3.5회	–	0.8회	–

(양 사의 결산 단신을 바탕으로 작성)

매출총이익률은 산리오가 위인데

둘의 영업이익과 이익률은 차원이 달라

높은 원가는 인건비 때문

07 도요타 vs. 닛산

일본분 아니라 전 세계에서 유명한 자동차회사 도요타. 일본 시장 내 3위인 닛산의 결산서와 비교하면 그 차이가 보입니다.

도요타 자동차(도요타)의 2020년 3월 결산 매출액은 29조 9299억 9200만 엔으로 전기 대비 1.0% 감소, 영업이익은 2조 4428억 6900만 엔으로 동 1.0%감소, 모회사에 귀속되는 당기순이익은 2조 761억 8300만 엔으로 10.3% 늘어, **매출은 감소하고 이익은 증가**했습니다. 이에 반해 닛산 자동차(닛산)는 동기 매출액이 9조 8788억 6600만 엔으로 전기 대비 14.6% 감소, 영업이익은 404억 6900만 엔의 적자, 모회사에 귀속되는 당기순이익도 6712억 1600만 엔의 적자였습니다. **양 사의 수익성에 이런 차이가 생긴 이유는 가동률의 차이 때문이라고 할 수 있습니다.**

리먼사태 이후 대응의 차이가 실적 격차로

■ 도요타

리먼사태 이후에 생산능력 과다

도요타

공장이 남았다…

낭비 제거

설비
낭비   낭비

설비

팔리는 만큼만 만들어 낭비가 없다!

적정량의 유형고정자산
=
영업이익 UP

■ 닛산

리먼사태 이후에 회복 징조

닛산

공장을 늘리자!

설비 증가

설비
낭비   낭비

많이 만들었는데 안 팔려…

과잉 유형고정자산
=
영업이익 DOWN

닛산은 리먼사태 이후의 회복 기조를 이어 가기 위해 설비규모를 늘려 생산을 확대했지만 판매능력이 따라가지 못해 적자가 되었습니다. 이에 반해 도요타는 리먼사태 전까지는 생산능력을 높여 왔지만, 리먼사태로 과잉생산이 되어 적자로 전환했습니다. **과잉투자로 인해 손익분기점 판매 대수가 늘어났기 때문**입니다. 따라서 도요타는 설비투자를 줄이고 고정비를 압축해 감가상각비를 낮추고 생산효율을 높여 재무체질을 개선했습니다. 더불어 변동비(주로 원재료비)도 낮춰 수익을 올리기 쉬워졌습니다. 유형고정자산회전율을 보면 도요타는 2.83회지만 닛산은 2.19회이므로, 양 사의 대응 결과가 명확하게 가동률의 차이로 드러났다고 할 수 있습니다. 바꿔 말하면, 닛산은 필요 이상으로 생산능력을 높여 버렸다는 뜻이 되겠지요.

유형고정자산을 통해 양 사의 차이를 읽어 낸다

매출액과 총자산은
도요타가 압도적

유형고정자산의
감액손실이 많구나

	도요타		닛산	
	2020년 3월 기준 (백만 엔)	전기비 (백만 엔)	2020년 3월 기준 (백만 엔)	전기비 (백만 엔)
매출액	29,929,992	▲ 295,689	9,878,866	▲ 1,695,381
총자산	52,680,436	743,487	16,976,709	▲ 1,975,636
금융채권	6,614,171	▲ 33,600	6,739,336	▲ 926,267
재고자산	2,434,916	▲ 221,480	1,340,423	82,500
유형고정자산	10,601,525	▲ 115,489	4,518,850	▲ 786,848
자산회전율	0.57	▲ 0.01	0.58	▲ 0.03
금융채권회전율	4.53회	▲ 0.02	1.47회	▲ 0.04
재고자산회전율	12.29회	1.02	7.37회	▲ 1.83
유형고정자산회전율	2.83회	▲ 0.09	2.19회	0.01

(양 사의 결산 단신을 바탕으로 작성)

닛산은 생산력을
효과적으로 사용하지
못하는 게 문제!

유형고정자산회전율은
도요타가 위구나

08

고메다 홀딩스 vs.
도토루 니치레스 홀딩스

커피전문점으로 유명한 고메다 커피와 도토루. 결산서의 수치를 통해 경영 스타일의 결정적인 차이를 볼 수 있습니다.

도토루 니치레스 홀딩스(도토루)는 도토루 커피(점포 수는 1311점, 이 중 프랜차이즈 점포 수는 977점)와 닛폰 레스토랑 시스템(점포 수 657점, 프랜차이즈 31점)을 산하에 두고 있으며, 도토루 커피숍, 엑셀시오르 카페 외에 요멘야고에몬, 호시노 커피점 등을 운영하고 있습니다. 직영점이 많아서 2020년 2월 결산 매출에 대한 **도매 비율**은 36%입니다. 고메다 홀딩스(고메다)는 주로 고히도코로 고메다 커피점(점포 수 873점, 그중 직영 35점)을 운영하고 있습니다. **대부분이 프랜차이즈이므로, 동기 매출에 대한 도매 비율은 약 70%에 이릅니다.**

직영은 음식업, 프랜차이즈는 도매업

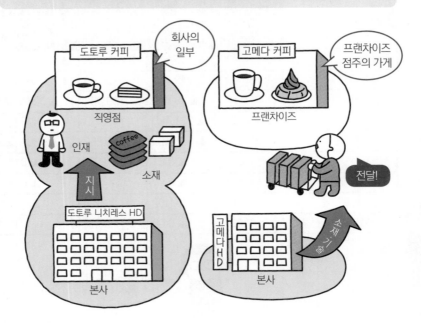

양 사의 **주력 사업인 커피 전문점에 유사점이 많아 같은 업태처럼 보이지만, 프랜차이즈 비율을 보면 도토루는 식품업, 고메다는 도매업에 가깝습니다.** 다시 말해 두 기업의 비즈니스 모델이 서로 다르며, 이로 인한 차이는 매출원가율에서 가장 두드러지게 나타납니다. 도토루는 매출원가율이 39.5%인 데 반해 고메다는 61.3%입니다. 프랜차이즈 점포는 기업이 직접 운영하지 않으므로 점포 운영비와 인건비가 줄어들지만, 원재료는 도매 비율이 높아지므로 매출총이익은 줄어듭니다. 그러므로 어떤 비용 항목을 포함하는지에 따라서도 달라지지만, **매출 대비 판관비의 비율은 직영 점포를 갖지 않는 고메다 쪽이 13.8%로, 도토루의 52.6%보다 낮아지는** 것입니다. 점포 운영 방침에도 차이가 있어 고메다는 **고단가 체제형**인 찻집에 가깝고, 도토루는 **단시간 고회전형**인 카페 타입이라고 할 수 있습니다.

손익계산서로 양 사를 비교

▨ 직영점형과 프랜차이즈형의 차이(2020년 2월 기준)

	도토루 니치레스 홀딩스		도토루(단독)		고메다 커피	
	금액 (백만 엔)	매출구성비 (%)	금액 (백만 엔)	매출구성비 (%)	금액 (백만 엔)	매출구성비 (%)
매출액	131,193	100.0	79,813	100.0	31,219	100.0
매출원가	51,839	39.5	40,585	50.9	19,132	61.3
매출총이익	79,354	60.5	39,228	49.1	12,087	38.7
판관비	69,064	52.6	34,381	43.1	4,300	13.8
영업이익	10,289	7.8	4,846	6.1	7,878	25.2
도매 비율	36.6%				70.4%	

(양 사의 결산 단신을 바탕으로 작성)

※고메다의 판관비는 기타수익·기타비용을 포함한 금액
※기타수익·기타비용: 영업외손익·금융수익·금융비용 등

그룹 전체에서 원가관리를 철저히 하기 때문에 도토루 니치레스 홀딩스는 매출원가율이 낮아요. 직영점이 많아서 판관비가 많이 드는 건 어쩔 수 없는 일이죠!

프랜차이즈의 경우 점포에 보내는 원료비의 비중은 높지만, 판관비는 안 들어요!

09 패스트 리테일링 vs. 시마무라

유니클로를 소유한 패스트 리테일링과 저가격을 내세우는 시마무라의 차이를 통해 의류기업의 구조를 이해합시다.

패스트 리테일링(유니클로)은 **SPA**(Specialty store retailer Private label Apparel) 브랜드로 성공을 거둔 기업입니다. 이에 비해 시마무라는 메이커와 도매상이 기획·제조한 상품을 사들여 판매하는 업태입니다. **점포에서 판매하는 업태는 같지만, 유니클로는 100% 자사 제품을 판매하는 것**입니다. 사업규모의 차이는 있지만 유니클로의 2019년 8월 결산 매출총이익률이 48.9%로 시마무라의 2020년 2월 매출총이익률 32.7%보다 높습니다. 이는 유니클로가 상품의 기획·제조에 관여해 그 부가가치 이익도 거둬들여 **매출원가율**이 낮아지기 때문(유니클로 51.1%, 시마무라 67.5%)입니다.

같은 의류업이어도 매출구성비는 다르다

유니클로는 자사에서 제품을 연구·개발하는 데다, 상품의 광고선전도 필요하기 때문에 판관비가 높아지는 경향이 있습니다. 양 사의 업종은 같지만 유니클로의 판관비율은 37.3%로 시마무라보다 9%나 높은 모습을 보이는 등 업태에 큰 차이가 있습니다. 이전에는 각자 상응하는 수익을 올리고 있어 이익률이 크게 다르지 않았지만, 시마무라의 사업이 확대되어 자체 상품 개발이 가능해지면서 차이가 나기 시작했습니다. 자사 제품 개발이 아직 궤도에 오르지 않은 탓도 있어 시마무라는 전기 대비 매출액이 4.4% 감소, 영업이익 9.7% 감소, 모회사에 귀속되는 당기순이익도 17.9% 감소해 매출과 이익이 모두 줄었습니다. 반면, 유니클로는 20년 넘게 SPA에 특화되어 흔들리지 않는 강점이 있다고 할 수 있습니다.

같은 업종이어도 업태가 다르면 경영체질이 달라진다

▨ 양 사의 실적 비교

	유니클로		시마무라	
	2019년 8월 기준 (백만 엔)	매출구성비 (%)	2020년 2월 기준 (백만 엔)	매출구성비 (%)
매출액	2,290,548	100.0	521,982	100.0
매출원가	1,170,987	51.1	352,307	67.5
매출총이익	1,119,561	48.9	169,675	32.5
판관비 등	854,394	37.3	147,602	28.2
영업이익	257,636	11.2	22,985	4.4

(양 사의 결산 단신을 바탕으로 작성)

유니클로는 판관비가 높아도 이익률이 높구나

시마무라는 원가가 높아

의류 업종은 어느 기업이나 이익률이 높은 SPA를 하고 싶어하죠

One point

의류 업종 또한 다른 업종과 마찬가지로 자사의 프라이빗 브랜드(PB)를 전개하고 싶어 합니다. 점포 면적이 같다면 원가가 낮은 SPA 제품의 이익률이 높기 때문입니다. 그러나 이 경우 대량생산이 되기 때문에 1점포 1상품이 특징이었던 시마무라의 고객들 사이에서는 평이 좋지 않았습니다.

후지 미디어 홀딩스 vs. 닛폰테레비 홀딩스

TV업계를 대표하는 후지와 닛폰테레비. TV 광고 수요가 줄어드는 가운데, 결산서를 통해 두 기업의 사업 전략 차이를 읽어 낼 수 있습니다.

후지 미디어 홀딩스(후지테레비)는 2011년 무렵까지 도쿄에 본사를 둔 주요 6개 방송국의 민영방송 **시청률**에서 1위로 군림했습니다. 그러나 2011년에 1위 자리를 닛폰테레비 홀딩스(닛테레)에 내준 이후로 부진하면서 2014년부터는 5위에 머무르고 있습니다. 닛테레는 1위를 빼앗은 뒤에도 대체로 1위를 유지하며 방송업계의 승자로 인식되고 있지만, 인터넷 보급 등에 따라 미디어가 다양해지면서 전체 TV 시청률이 하락 선상에 있고 TV라는 매체의 존재감도 내리막길에 들어섰습니다.

TV업계의 비즈니스 전략은?

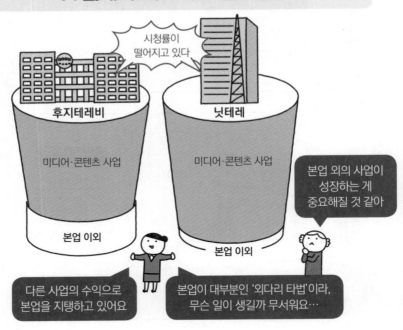

양 사의 2020년 3월 결산 세그먼트별 수익을 보면, 닛테레는 본업인 미디어·콘텐츠 사업의 매출 비율이 90.1%(매출 3842억 2000만 엔, 영업이익 406억 1000만 엔)지만, 후지테레비는 81.6%(매출 5153억 3400만 엔, 영업이익 139억 2400만 엔)에 그쳐 도시개발·관광사업(동기 17.5%, 매출 1107억 4900만 엔, 영업이익 137억 600만 엔)으로 매출을 메우고 있는 상황이라 수익성은 닛테레 쪽이 높다고 할 수 있습니다. **후지테레비는 도시개발·관광사업이 이미 수익의 기둥이 되고 있고, 유이자부채는 많아도 부동산을 담보로 사업을 확대하고 있어 앞으로도 다양한 분야로의 사업 전개가 예상됩니다.** 한편, 닛테레는 본업을 순조롭게 운영하고 있어 다음 사업에도 투자할 여력이 있을 것으로 보입니다.

TV의 비중이 줄어드는 시대 속 TV 방송국의 경영

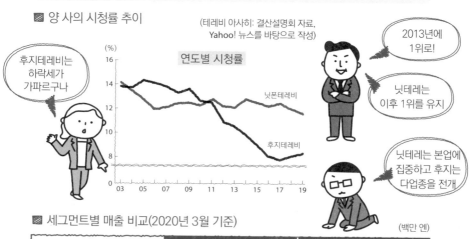

▨ 양 사의 시청률 추이

(테레비 아사히: 결산설명회 자료, Yahoo! 뉴스를 바탕으로 작성)

▨ 세그먼트별 매출 비교(2020년 3월 기준)

(백만 엔)

	후지테레비		닛테레	
	매출	세그먼트 이익	매출	세그먼트 이익
미디어·콘텐츠 사업	515,334	13,924	384,220	40,610
도시개발·관광사업·부동산업	110,749	13,706	10,281	3,446
생활·건강관련사업	–	–	35,905	▲ 686
기타 사업	19,335	595	7,849	427
조정액	▲ 13,936	▲ 1,885	▲ 11,657	▲ 686
합계	631,482	26,341	426,599	43,111

(양 사의 결산 단신에서)

11

야마토 홀딩스 vs. SG 홀딩스

운수업계 강자인 야마토 운수와 사가와 택배. 같은 업종의 라이벌 기업이라도 결산서는 큰 차이를 보입니다.

야마토 홀딩스(야마토 운수)의 2020년 3월 결산 매출은 1조 6301억 4600만 엔, 영업이익은 447억 100만 엔으로 영업이익률이 2.7%였습니다. 이에 비해 SG 홀딩스(사가와 택배)의 동기 매출은 1조 1734억 엔, 영업이익은 754억 엔으로 영업이익률이 6.4%였습니다. **즉, 야마토 운수보다 사가와 택배의 수익력이 높다는 것을 알 수 있습니다.** 이는 본업인 배송사업에서의 차이 때문으로, 야마토 운수의 배송사업 매출액은 1조 3100억 엔이고 이익은 272억 엔인 데 비해 사가와 택배의 매출액은 9927억 엔, 이익은 587억 엔이었습니다.

아마존 물류 대응에 따른 명암

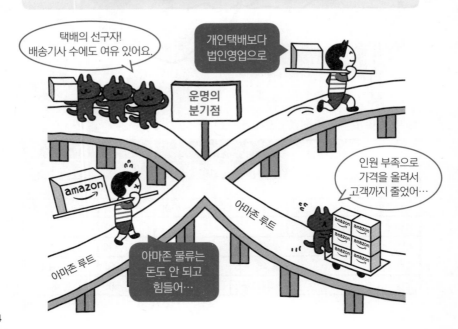

사가와 택배는 2013년에 대형 거래처였던 **아마존**의 배송사업을 철수시켰습니다. 매출에 비해 이익을 확보하기 힘들어 종업원 처우 개선 등을 위한 자금을 마련하기 어렵다고 판단한 것입니다. **이후 야마토 운수가 아마존 배송을 맡았지만, 결과적으로 사가와 택배의 이익률이 개선되어 야마토 운수의 이익을 역전**했습니다. 야마토 운수는 배송료를 인상하고 서비스 체제를 정비했으나, 예상과 달리 취급 물량이 전기 대비 0.2% 감소했습니다(쿠로네코 DM 택배 제외). 이는 **야마토 운수가 체제를 정비하는 동안 아마존이 수송의 인소싱·지역수송업자의 조직화를 단행했기 때문입니다.** 게다가 야마토 운수는 견적 부정 문제로 **홈 컨비니언스 사업**이 부진했던 것도 실적 하락에 영향을 미쳤습니다.

양 사의 실적 비교

■ 매출액&영업이익 추이

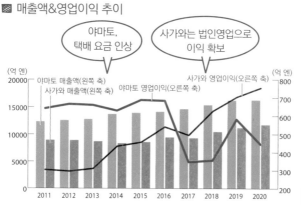

야마토, 택배 요금 인상

사가와는 법인영업으로 이익 확보

아마존에 대한 대응 차이 때문!

낭비가 적은 근육질 경영의 사가와 택배!

■ 수익 비교(2020년 3월 기준)

	야마토 홀딩스		SG 홀딩스	
	금액(백만 엔)	전기비(%)	금액(백만 엔)	전기비(%)
영업수익	1,630,146	0.3	1,173,498	5.0
영업이익	44,701	▲23.4	75,447	7.2
경상이익	40,625	▲25.1	80,532	7.7
당기순이익	22,324	▲13.1	47,292	8.8
포괄이익	17,285	▲36.0	51,241	1.3

(두 표 모두 양 사의 결산 단신을 바탕으로 작성)

12

동일본여객철도 VS. 도카이여객철도

일본의 여객철도주식회사 JR그룹의 7개사 중 수익성이 높은 동일본여객철도와 도카이여객철도. 양 사에서 행하는 사업의 내용에 따라 수익성이 크게 달라졌습니다.

동일본여객철도(JR히가시니혼)의 2020년 3월 결산 운수사업 매출은 2조 811억 3600만 엔, 이익은 2505억 7500만 엔이었습니다. 한편, 도카이여객철도(JR도카이)의 동사업 매출은 1조 4312억 6600만 엔, 이익은 6176억 4300만 엔이었습니다. **철도사업은 공공성이 높기 때문에 이익을 내는 노선이 적어, 양 사 모두 대부분의 이익이 신칸센에서 발생합니다.** JR도카이는 수익성 높은 재래선은 적지만 신칸센의 매출이 큽니다. JR히가시니혼은 수도권 재래선 중 야마노테선 같은 황금 노선을 가지고 있지만 신칸센의 이익은 JR도카이에 못 미칩니다.

JR히가시니혼과 JR도카이를 둘러싼 상황

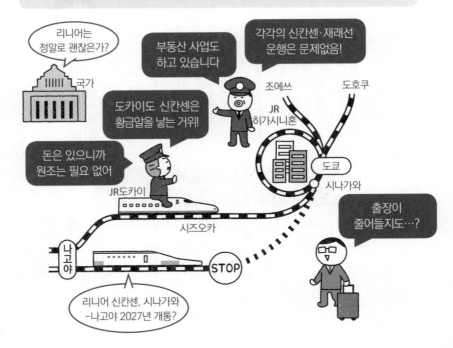

JR도카이의 걱정거리는 9조 엔의 투자가 필요한 **리니어 신칸센**을 건설하는 것입니다. 시즈오카현 구간의 착공 등 개통 시기 변경을 포함한 문제가 산적해 있고, **현 단계에서 건설에 드는 자금을 차입 등으로 조달해야 해 이후의 재무상황에 관심이 쏠리고 있습니다.** 또한 재택근무 같은 새로운 문화가 어떻게 자리 잡느냐에 따라 리니어 신칸센의 성패가 결정될 것으로 보입니다. 그러나 **재무상태표를 보면, 중앙 신칸센 건설 장기차입금(고정부채)과 중앙 신칸센 건설자금 관리신탁(유동자산)은 이미 5조 4350억 엔 가까운 자금을 조달한 상태**입니다. JR도카이는 운수업이 전체 매출에서 차지하는 비율이 77.6%로 높아 운수업에 특화한 경영을 하고 있으며, 사업 다각화는 진행하지 않고 있습니다. 한편 JR히가시니혼의 운수업 매출 비중은 70.6%로, 유통·서비스·부동산·호텔 같은 사업 다각화에 적극적이며 이러한 사업들이 이익에도 기여하고 있습니다.

결산서로 알아보는 양 사의 전략

전체 매출 중 운수업의 비중은 히가시니혼이 66.7%, 도카이는 70%가 훨씬 넘어!

JR히가시니혼은 역사(驛舍)와 부동산 등도 있구나!

(백만 엔)

	JR히가시니혼	JR도카이
운수업	2,081,136	1,431,266
유통업	573,684	263,272
부동산업	369,318	79,998
기타	274,685	272,263
합계	3,298,824	2,046,800
조정액	▲ 352,185	▲ 202,152
연결재무제표 계상액	2,946,639	1,844,647

(2020년 3월 기준 양 사의 결산 단신에서)

JR도카이는 부동산업의 비율이 낮아요

JR히가시니혼은 재래선 중에도 수익노선(야마노테센)이 있죠

재택근무 시대에 운수업에만 의존하는 건 불안할 수도!

13

아오야마 상사 vs.
AOKI 홀딩스

신사복 업계를 대표하는 아오야마와 AOKI. 슈트 수요 감소에 대응하기 위한 방안으로 양 사 모두 사업 다각화를 꾀하고 있습니다.

아오야마 상사('양복의 아오야마')의 2020년 3월 결산 매출은 2176억 9600만 엔으로 전기 대비 13.0% 감소, 영업이익은 8억 1800만 엔으로 94.4% 감소, 모회사에 귀속되는 당기순이익은 169억 엔의 적자였습니다. 한편, AOKI 홀딩스('AOKI')의 동기 매출 또한 1802억 2000만 엔으로 전기 대비 7.6% 감소, 영업이익은 66억 4900만 엔으로 50.7% 감소, 모회사에 귀속되는 당기순이익은 4억 4700만 엔으로 90.3% 감소하여, **적자 직전인 상황입니다.** 양 사 모두 주축 **사업인 남성용 슈트 전문점의 수요가 급감하고 있어 이익이 줄었습니다.**

제2·제3의 화살 선택의 결과는…

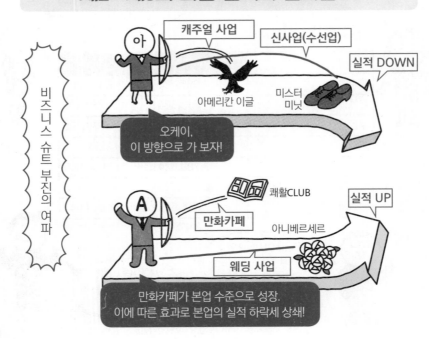

최근 5~6년 사이 아오야마의 남성용 슈트 **판매량**은 2014년 3월 결산 때 248만 벌로 최고를 기록했지만 2020년 3월 결산 때는 160만 벌로 감소했습니다. **당기 매출 감소에는 신종 코로나의 영향도 있었지만, 이후에도 큰 폭의 수요 회복은 기대하기 어려운 실정입니다. 따라서 양 사에 중요한 것이 바로 사업 다각화입니다.** 아오야마는 캐주얼 웨어 '아메리칸 이글'을 전개하다 2019년 12월에 철수, 구두 수선 서비스 '미스터 미닛'은 53억 6600만 엔의 감액손실을 계상하고 창업 이래 첫 적자를 기록하는 등 모든 사업이 부진한 상태입니다. 이에 반해 AOKI는 웨딩 사업 브랜드인 '아니베르세르'(매출 222억 7000만 엔, 영업이익 4억 3900만 엔)와 만화카페 '쾌활CLUB' 등의 **엔터테인먼트 사업**(매출 583억 8800만 엔, 영업이익 26억 7200만 엔)을 사업 궤도에 올리고 있습니다.

다각화의 성패가 큰 차이로

■ 양복의 아오야마

아메리칸 이글도 철수

미스터 미닛도 적자야

(백만 엔)

	매출	세그먼트 이익
비즈니스웨어 사업	153,301	314
캐주얼 사업	10,786	▲ 2,340
카드 사업	5,279	2,245
인쇄·미디어 사업	12,416	▲ 43
잡화판매 사업	15,627	586
종합 수선서비스 사업	12,188	▲ 476
기타	12,009	457
조정액	▲ 3,912	75
합계	217,696	818

영업편 감손

■ AOKI

의류업으로 얻은 입지 정보를 활용

만화카페로 경영흑자

(백만 엔)

	매출	세그먼트 이익
패션 사업	98,352	2,886
웨딩 사업	22,270	439
엔터테인먼트 사업	58,388	2,672
부동산 임대 사업	3,624	668
조정액	▲ 2,415	▲ 17
합계	180,220	6,649

(2020년 3월 기준
양 사의 결산 단신에서

기업이 결산서를
수정신고하는 케이스란?

　이미 발표가 끝난 결산서에서 오류가 발견되는 경우가 있습니다. 이런 때는 결산서를 수정할 필요가 있습니다. 과년도 결산서의 오류를 앞으로 제출할 당기 결산서 안에서 수정해 조정하는 일은 기업회계기준(기업회계기준위원회에서 제정하는 재무제표 작성 시의 규칙)에서 원칙적으로 인정되지 않지만, 몇 가지 케이스에 한하여서는 결산 수정이 가능합니다. 예를 들면 금액이 적고 중요성이 높지 않은 케이스나 중소기업인 경우, 당기 결산서 수정이 용인되고 있습니다.

전기 결산서에 실수가 있는 경우,
당기 결산서에서 수정 가능한
케이스도 있습니다.

결산 수정 방법은 크게 나누어 두 가지가 있습니다. 하나는 '과년도 손익계산서에 영향을 미치지 않는' 경우입니다. 예를 들어 계정과목(수익과 비용을 기록하기 위한 분류항목의 명칭)의 실수라면, 당기 결산서에서 올바른 계정과목으로 수정하면 됩니다. 이런 수정은 과년도 손익계산서에 영향을 미치지 않습니다.

　두 번째는 '과년도 손익계산서에 영향을 미치는' 경우입니다. 예를 들어 매출액에 계상해야 할 거래 이익이 계상되지 않았다고 합시다. 이런 계상 누락은 이익잉여금의 당기초 잔고를 수정하거나, 당년도 손익계산서에서 수정합니다. 이때 당기 자본변동표 이익잉여금의 당기초 잔고와, 전기 결산서 기말 잔고의 금액이 같아지도록 합니다.

　손익계산서에 영향을 미치는 수정에서는 납부했어야 할 과년도 세금액이 달라지는 경우가 있습니다. 추가로 세금을 납부하는 경우에는 수정신고, 반대로 세금을 너무 많이 납부한 경우에는 경정청구를 행합니다.

　납부했어야 할 세금을 납부하지 않은 경우, 페널티로 가산세를 내야 합니다. 세무서에서 지적당한 경우에는 과소신고 가산세도 붙게 됩니다.

Chapter

7

적자 기업의 '실패 원인'을 분석해 보자

아무리 노력해도 시장 환경의 변화와 매출 부진으로 적자 결산이 되는 경우가 있습니다. 하지만 결산서를 읽으면 적자의 원인이 보입니다. 다양한 업종에서 적자 기업의 실패 원인을 분석하는 것은 자사의 위험 회피에도 도움이 됩니다.

01

사상 최대 1.4조 엔의 적자! 소프트뱅크 그룹

일본 기업 중 역대 최대 규모의 적자를 기록한 소프트뱅크 그룹(SBG). 실적의 발목을 잡은 것은 투자에 의한 영업손실이었습니다.

소프트뱅크 그룹의 2020년 3월 결산 매출은 전기를 1.5% 상회했지만 영업손실이 1조 3646억 엔, 최종 손익도 9615억 엔 손실이 발생해 사상 최대 적자를 기록했습니다. 동사의 영업이익은 주로 소프트뱅크와 소프트뱅크 비전펀드(결산 시의 투자 대상은 88개사)에 의한 것으로, **소프트뱅크 사업 단독으로는 9233억 엔의 영업이익을 냈지만 소프트뱅크 비전펀드가 1조 9313억 엔의 손실을 발생시킨 것**이 큰 적자로 이어졌습니다.

적자임에도 기업가치에 영향을 받지 않는 이유

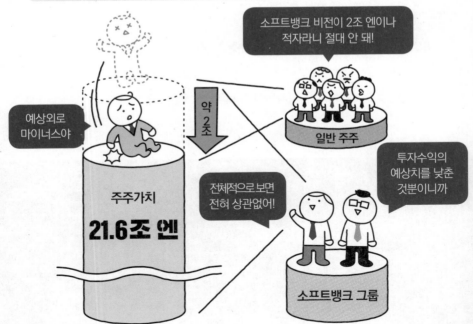

소프트뱅크 비전펀드의 적자는 투자에 대한 **미실현평가손실**(미실현손실) 때문에 발생했습니다. 즉, **잠재손실**을 현재화(顯在化)한 것이라고 할 수 있습니다. 공유 오피스 등을 제공하는 미국 기업 'We Work'의 실적이 좋지 않음에도 불구하고 비전펀드가 기업가치를 지나치게 높이 평가해 투자했기 때문입니다. 그리고 그 외의 다른 투자기업들도 실적이 부진해 기업가치가 낮아진 것이 영향을 미쳤습니다. **이 손실은 잠재손실이기 때문에 실제로 캐시아웃(현금이 외부로 유출)된 것은 아닙니다.** 동사는 시가 28.5조 엔의 유가증권을 보유하고 있어, 순유이자부채 6.8조 엔을 제해도 21.6조 엔의 주주가치가 있으므로 단기간에 자금 사정이 어려워지는 일은 없을 것입니다.

적자가 커도 가치가 있는 이유

■ 소프트뱅크 비전펀드의 투자손익(2020년 3월 기준)

(억 엔)

투자자산 매각에 의한 실현손익	583
투자자산 미실현평가손익	▲191,77
투자처에서 받은 이자배당수익	128
환환산영향액	15
합계	▲18,449

(2020년 3월 기준 결산 사업설명회 자료를 바탕으로 작성)

■ 주주가치(2020년 6월 24일 기준)

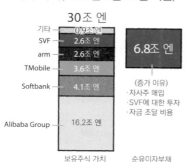

30조 엔

기타 — 0.9조 엔
SVF — 2.6조 엔
arm — 2.6조 엔
TMobile — 3.6조 엔
Softbank — 4.1조 엔
Alibaba Group — 16.2조 엔

6.8조 엔

(증가 이유)
·자사주 매입
·SVF에 대한 투자
·자금 조달 비용

23.3조 엔

보유주식 가치　순유이자부채　주주가치

(2020년 3월 기준 결산 사업설명회 자료를 바탕으로 작성)

왼쪽의 투자손익을 포함해 적자는 1조 9313억 엔

보유주식의 가치가 막대해서 괜찮아요

보유주식 대비 순유이자부채는 14% 정도

02 'LINE PAY'의 선행투자로 적자가 늘어난 LINE

많은 일본인이 사용하는 앱 LINE. 본업은 호조지만, 비현금 결제 사업의 도입으로 큰 폭의 적자를 기록했습니다.

LINE의 2019년 12월 결산 매출은 2275억 엔으로 전기보다 9.8% 늘었지만, 영업이익이 390억 엔의 적자가 되어 469억 엔의 최종 적자를 기록했습니다. **새로운 비현금 결제 사업으로 도입한 LINE Pay의 프로모션 비용이 늘어난 것이 큰 원인입니다.** 이는 2019~2020년에 걸쳐 국가에서 실시한 비현금 결제 촉진 캠페인 등에 의해 기업 간 경쟁이 격화되어 강력한 마케팅 캠페인을 진행한 PayPay에 LINE Pay가 대항한 결과입니다.

전략사업의 선전비 때문에 적자

LINE 계정으로 만화와 음악을 즐길 수 있어요!

LINE Pay를 사용합시다!

비현금 결제

핵심사업

LINE 계정을 베이스로 한 LINE 만화와 LINE MUSIC 등은 순조롭게 매출을 늘려가고 있다.

재미있겠다

전략사업

LINE Pay 결제를 확대하기 위해 포인트 환원 캠페인을 실시했으나, 기대만큼 실적을 늘리지는 못했다.

앱을 설치해야지

만화를 볼 수 있어!

잘 안 쓰게 돼…

캠페인의 밑천이 되는 마케팅 비용이 330억 2200만 엔으로, 전기의 203억 1100만 엔을 크게 웃돈 점이 영업적자로 이어졌습니다. 한편, **핵심사업** 중 커뮤니케이션 사업과 콘텐츠 사업은 횡보했지만, 광고 사업이 호조를 보여 전체 매출액은 1967억 엔, 영업이익은 316억 엔이 되었습니다. 전략사업인 Fintech · AI · e커머스 사업 등의 매출은 38억 엔이었지만, 영업손실이 666억 엔에 달해 적자 폭은 계속해서 증가하고 있습니다. LINE Pay의 미래는 기대되지만, 분기별로 보면 3사분기 이후의 프로모션 비용을 억제하는 분위기입니다. **SNS인 LINE과 친화성이 높지만 PayPay와의 관계성도 있어(LINE이 야후 재팬과 합병하면서 야후 재팬의 간편결제서비스인 PayPay와 통합되었다—편집자 주), 이후의 움직임에 관심이 쏠리고 있습니다.**

매출은 늘었어도 영업이익이 급감

▨ 손익계산서

(백만 엔)

	2018년 12월 기준	2019년 12월 기준
매출	207,182	227,485
영업비용	▲ 219,171	▲ 269,693
마케팅 비용	▲ 20,311	▲ 33,022
영업이익	16,110	▲ 38,997
계속사업 관련 세전이익 (▲손실)	3,354	▲ 51,616

매출은 늘었는데, 영업이익은 줄었어요. 영업비용 중 마케팅 비용은 LINE Pay 등의 프로모션 비용으로, 127억 엔이나 증가한 게 특징이네요.

전략사업의 영업이익이 뚝 떨어졌네요.

▨ 핵심사업과 전략사업의 매출·영업이익 추이

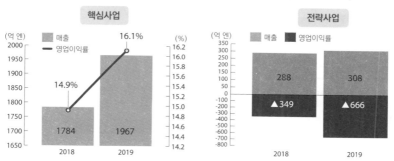

핵심사업

(억 엔)
■ 매출
— 영업이익률
(%)

16.1%
14.9%
1784 (2018)
1967 (2019)

전략사업

(억 엔)
■ 매출 ■ 영업이익률

288 (2018) 308 (2019)
▲349 ▲666

(두 표 모두 2019년 2월 기준 결산 단신을 바탕으로 작성)

03 적극적인 투자 활동에서 발생한 손실이 영향을 미친 라쿠텐

8년 만에 적자를 낸 라쿠텐. 휴대전화 사업 '라쿠텐 모바일'과 아마존 대응을 위한 물류 시스템 정비에 선행투자를 진행한 것이 적자의 주요 원인입니다.

라쿠텐의 2019년 12월 결산 매출은 1조 2639억 엔(전기 대비 14.7% 증가), 영업이익은 727억 엔(57.3% 감소)으로 319억 엔의 적자가 발생했습니다. 라쿠텐이 투자하는 Lyft사(미국의 차량 공유 기업)의 감액손실 1028억 7300만 엔 등에 의해 1119억 1800만 엔이 특별손실로 계상된 것이 적자 요인 중 하나입니다. 또한 **휴대전화 사업 진출과 자사 물류시스템 정비 등을 추진한 결과, 영업비용이 매출을 웃돌아 약 20% 증가한 것이 영업이익을 끌어내려 적자 전환시켰다고 할 수 있습니다.**

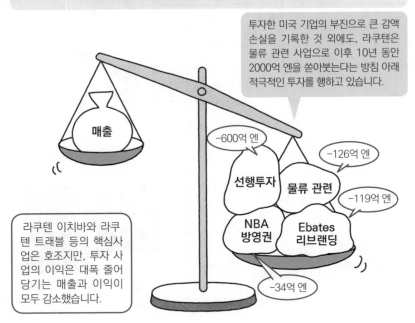

적자의 원인은 막대한 선행투자

투자한 미국 기업의 부진으로 큰 감액손실을 기록한 것 외에도, 라쿠텐은 물류 관련 사업으로 이후 10년 동안 2000억 엔을 쏟아붓는다는 방침 아래 적극적인 투자를 행하고 있습니다.

매출

−600억 엔

−126억 엔

선행투자 물류 관련

−119억 엔

NBA 방영권 Ebates 리브랜딩

라쿠텐 이치바와 라쿠텐 트래블 등의 핵심사업은 호조지만, 투자 사업의 이익은 대폭 줄어 당기는 매출과 이익이 모두 감소했습니다.

−34억 엔

휴대전화 사업이 아직 궤도에 오르지 못한 탓도 있지만, 인터넷 쇼핑몰의 배송비 관련 새로운 규정에 대해 입점 업체와 조정하는 데 시간이 걸린 것도 이용자에게 좋지 않은 인상을 주었습니다. **라쿠텐은 자사 물류시스템을 정비하고 아마존의 위협에 대항하기 위해 물류와 관련된 투자에 2000억 엔을 쏟아부을 예정입니다.** 또한 인터넷 쇼핑몰 외에 여행대리업·보험·은행·신용카드·증권 등 다양한 분야에 진출함으로써 **라쿠텐의 경제권역 안에 이용자를 붙잡아 두는 가두리 전략을 취한 것이 일정한 효과를 내고 있다**고 할 수 있습니다. 이후 휴대전화 사업이 궤도에 올라 통신단말 상품·서비스의 보급에 성공하면, 이들 사업과의 상승효과를 기대할 수 있을 것입니다.

선행투자 사업의 손익에 주목

◪ 손익계산서

(백만 엔)

	2018년 12월 기준	2019년 12월 기준
매출	1,101,480	1,263,932
영업이익(IFRS)	170,425	72,745
세전 당기이익 (▲손실)	165,423	▲44,558
당기포괄이익	124,452	▲42,818

(2019년 12월 기준 결산 단신에서)

> 매출은 1624억 엔 늘어나 역대 최고를 기록한 한편, 영업이익은 976억 엔이나 줄어든 것을 알 수 있어요.

> 사업별로 살펴보면, 선행투자형 사업의 이익이 현저히 감소했어요. 다시 말해 투자를 늘렸다는 것을 알 수 있죠. 그 때문에 연결영업이익이 57.3%나 감소했어요.

◪ 세그먼트별 매출과 영업이익(2019년 12월 기준)

	매출		영업이익	
	금액(억 엔)	전기비	금액(억 엔)	전기비
인터넷 서비스	7,925	17.1%	907	▲15.8%
핀테크	4,864	14.6%	693	2.1%
모바일	1,198	33.3%	▲601	▲464억 엔
조정액	▲1,348	▲452억 엔	▲49	▲41억 엔
연결	12,639	14.7%	727※	▲57.3%

(2019년 12월 기준 결산 사업설명회 자료에서)　　　　※국제회계기준에서의 영업이익

04

시계 사업의 부진과 감손처리로 매출과 이익이 모두 감소한 시티즌 시계

7년 만에 적자를 기록한 시티즌 시계. 손목시계 수요의 감소와 신종 코로나로 인한 판매 부진으로 실적이 악화되었습니다.

시계 메이커 시티즌의 2020년 3월 결산 매출액은 2785억 엔(전년 대비 13.4% 감소), 영업이익은 61억 엔(전년 대비 72.6% 감소) 감소하여 167억 엔의 당기 순손실이 발생했습니다. 같은 업종인 카시오와 세이코도 매출과 영업이익이 모두 감소하여 업계 전체가 부진한 실적을 보였습니다. 이러한 **배경에는 '시간을 확인하는' 시계의 기능을 스마트폰에 빼앗겨 버린 시장 수요의 변화가 있습니다.** 한편, G-SHOCK(카시오)와 그랜드 세이코(세이코)처럼 기호성이 강한 제품에는 일정한 수요가 있지만, 시티즌은 이 분야에 강하지 않습니다.

시대 변화와 함께 수요가 줄어드는 시계

완제품 시계는 주요 판매 경로가 오프라인 점포인데, 신종 코로나의 영향 때문에 전체적으로 고객의 발길이 줄어들어 매출 감소를 피할 수 없었습니다. 또한 구동장치 등의 **무브먼트 판매 역시 쿼츠의 수요가 회복되지 않아 생산가동이 줄었기 때문에, 영업이익의 발목을 잡는 결과가 되었습니다.** 신제품 판매가 부진한 데다, 공작기계 사업과 **디바이스 사업**에서도 설비투자 수요가 감소하고, 기말에는 신종 코로나의 영향까지 더해지자 저조한 실적으로 끝났습니다. 이런 이유로 이후 수익 개선에 상당한 시간이 필요하다고 판단한 시티즌은 **예상 가능한 미래의 리스크를 미리 처리하기 위해 시계 사업 관련으로 167억엔, 디바이스 사업 관련으로 57억 엔, 기타 19억 엔으로 합계 245억 엔을 특별손실로 계상**했으며, 이와 동시에 사업규모를 재검토하려 하고 있습니다.

구조적인 업계 침체와 대책 부족

■ 손익계산서

	2019 3월 기준 (백만 엔)	전기 대비 증감률 (%)	2020 3월 기준 (백만 엔)	전기 대비 증감률 (%)
매출액	321,652	0.5%	278,531	▲13.4%
영업이익	22,411	▲10.1%	6,136	▲72.6%
경상이익	26,602	▲0.2%	7,531	▲71.7%
모회사에 귀속 되는 당기순이익	13,369	▲30.7%	▲16,667	–

줄줄이 마이너스라
당기순이익도
마이너스

■ 세그먼트별 실적(2020년 3월 기준)

	매출액 (억 엔)	전기 대비 증감률(%)	영업이익 (억 엔)	전기 대비 증감률(%)
시계 사업	1,416	▲13.4%	39	▲68.3%
공작기계 사업	585	▲18.9%	72	▲44.5%
디바이스 사업	559	▲8.0%	9	▲63.6%
전자기기 사업	169	▲12.7%	▲2	–
기타 사업	55	▲4.8%	0	▲71.3%
조정액	–	–	▲57	
합계	2,785	▲13.4%	61	▲72.6%

신규사업 투자도
포함해서 전체가
마이너스…

(두 표 모두 **2019년 3월, 2020년 3월 기준** 결산 단신에서)

05 프린트 수요 감소로 적자 전환한 코니카 미놀타

프린터와 복사기 등 오피스 제품의 제조·판매가 주업인 코니카 미놀타도 신종 코로나로 인한 외출규제 때문에 판매가 줄어 적자를 면치 못했습니다.

복합기 등의 전자기기 제조기업 코니카 미놀타의 2020년 3월 결산 매출액은 전기 대비 6% 감소한 9961억 엔, 영업이익은 전기 대비 87% 감소한 82억 엔으로 최종적으로는 적자가 되었습니다. 주요 원인은 4사분기 신종 코로나의 영향으로 인한 판매 부진이었습니다. 이에 따른 매출 감소는 회사 전체로는 230억 엔에 달하고, 영업이익 감소는 110억 엔에 달했습니다. 동사에서는 **실질 기준**으로 봤을 때 매출은 전년 수준과 거의 동일하고, 영업이익은 전년을 웃돌았다고 판단하고 있습니다.

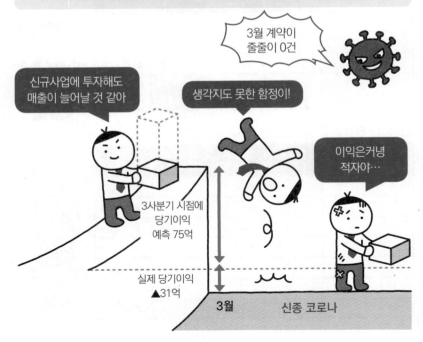

신종 코로나로 인해 성장 예측이 빗나감

주력 사업인 오피스 사업과 <u>프로페셔널 프린트 사업</u>은 신종 코로나로 인한 판매 감소뿐 아니라, 재택근무 등에 의한 오피스 수요의 감소 문제를 해결해 나가야 합니다. 전기 대비 매출 하락 폭은 7~8% 정도지만, 영업이익 하락 폭은 49~69%로 매우 커서 개선이 쉽지 않은 상황이라고 할 수 있습니다. 헬스케어 사업과 산업용 재료·기기 사업도 마찬가지로 앞날이 불투명해, 최대한 빠르게 근본적인 사업구조 개혁이 필요하다고 할 수 있겠습니다. 신규사업으로 바이오 헬스케어 같은 장래성 높은 분야에 진출했지만 매출은 전기를 18% 웃돈 반면 영업손실은 177억 엔을 기록하였으므로, **조속히 사업을 정상 궤도에 올려 적자 구조에서 벗어날 필요가 있습니다.**

비즈니스 환경의 변화로 적자 전환

	매출 (억 엔)	전기비 (%)	영업이익 (억 엔)	전기비 (%)
오피스 사업	5,465	▲7	239	▲49
프로페셔널 프린트 사업	2,101	▲8	44	▲69
헬스케어 사업	879	▲3	6	▲73
산업용 재료·기기 사업	1,096	▲6	192	▲8
산업용 광학 시스템	308	▲12	–	–
재료·컴포넌트	788	▲3	–	–
신규사업	412	19	▲177	–
바이오 헬스케어	306	18	–	–
기타	106	21	–	–
코퍼레이트 외	8	▲30	▲222	–
전체 합계	9961	▲6	82	▲87

(2020년 3월 기준 결산설명회 자료를 바탕으로 작성)

신종 코로나의 영향으로 3월 성수기 실적이 부진해 적자가 됐구나

06

자원 가격 하락으로 적자 전환한 마루베니

5대 종합상사 중 하나인 마루베니는 석유개발과 곡물 사업 등 여러 사업의 손실로 역대 최대 적자를 기록했습니다.

대형 상사 마루베니의 2020년 3월 결산 수익은 6조 8276억 엔(전기 대비 7.8% 감소), 영업이익은 1339억 엔(22.6% 감소)으로 1975억 엔의 최종 적자를 기록했습니다. **동사가 적자로 전락한 것은 18년 만의 일입니다. 적자의 원인은 비교적 명확한데, 4220억 엔의 일시적 손실이 발생했기 때문**입니다. 그중에서도 **석유·가스 개발** 사업은 1313억 엔의 손실을 냈는데, 이는 원유 가격 폭락의 영향으로 보유 중인 원유 관련 지분을 손상처리한 것이 영향을 미쳤습니다. 또한 미국의 곡물 관련 자회사 **가빌론**(Gavilon)과 칠레의 구리 사업 등에서도 감액 손실을 냈습니다.

대(多)사업 경영도 손실이 속출

종합상사는 대체로 에너지 사업에 대한 의존도가 높은데, 최근에는 이를 탈피하기 위해 새로운 사업에 진출하고 있습니다. 가빌론은 마루베니를 이끌 기수라고도 할 수 있는 존재였지만, 가뭄과 곡물 시세 하락으로 실적이 악화되어 783억 엔의 감액손실에 이르렀습니다. 칠레 구리 사업의 경우, 여러 곳의 **광산**에 투자해 일본계 기업으로서는 톱클래스의 판매량을 자랑하고 있습니다. 그러나 구리 시황이 악화되고 회복을 기대하기 어려운 상황이 이어지고 있어, 다른 사업과 마찬가지로 603억 엔의 감액손실을 기록했습니다. 신종 코로나의 영향까지 더해져 **보유자산**이 향후 예상한 만큼의 이익을 내기 힘들다고 판단한 것으로 볼 수 있습니다. **당기에 가능한 한 많은 감액손실을 계상해, 차기 이후에 커다란 잠재손실을 떠안는 리스크를 줄이고 흑자 전환하려는 노림수가 있다고 하겠습니다.**

일시적 손실로 인해 18년 만에 최종 적자

▨ 일시적 요인이 순이익에 미친 영향

(백만 엔)

	순이익	실질 순이익	일시적 요인	기초 영업현금흐름	주주 환원 후 잉여현금흐름
2019년도	▲197,500	225,000	▲422,000	363,800	57,300
전년도비	▲428,300	▲31,000	▲397,000	▲9,400	–

(2020년 3월 기준)

▨ 감액손실의 '일시적 요인'

(백만 엔)

4사분기 금액	▲394,000
석유·가스 개발 사업	▲131,300
미국 곡물 사업	▲98,200
칠레 구리 사업	▲60,300
해외 전력·인프라 관련 사업	▲45,700
미 항공기 리스 사업	▲39,200
기타	▲19,000
1~3사분기 누계 금액	▲29,000
합계	▲422,000

미국의 석유, 곡물, 항공기 리스 등 많은 사업이 부진

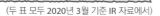

(두 표 모두 2020년 3월 기준 IR 자료에서)

2년 연속 거액의 적자로 부진이 이어지는 레오팔레스21

2018년에 발생한 시공불량 문제로 레오팔레스21 시공물건의 입주율이 하락 했습니다. 게다가 신종 코로나의 영향까지 더해져 앞날은 더욱 불투명합니다.

2018년에 시공불량 문제가 발각된 이후 주거 임대사업 기업 레오팔레스21의 실적 부진이 이어지고 있습니다. 2020년 3월 결산 영업손실은 364억 엔, 당기 순손실은 802억 엔으로 2년 연속 적자를 기록했습니다. 재무상태표상의 자기 자본비율은 0.7%로, **채무초과** 직전 상태임을 알 수 있습니다. **1인 가구 대상 원룸을 중심으로 한 개발사업과 임대사업이라는 2개의 기둥이 시공불량 문제로 부진에 빠진 것이 적자의 큰 원인**입니다. 90% 전후였던 **입주율**이 80% 정도까 지 떨어져 수익이 삽시간에 악화된 것으로 보입니다.

재출발도 어려운 상황이 이어지는 중

레오팔레스21의 시공물건 39,085동 중 명백한 하자가 인정된 것이 13,615동으로 전체의 3분의 1에 달합니다. 2020년 5월 말 시점에 보수에 들어간 것은 그 중 7,071동이며 보수가 완료된 것은 1,008동뿐입니다. 보수기간 동안은 입주자에게 일시 퇴거를 요청하기 때문에 보수가 끝나도 재입주하지 않는 경우도 있습니다. 즉, 당분간은 이런 상황이 이어질 전망이라 입주율 저하가 계속될 가능성이 높습니다. 이 보수작업은 **2019년도에 종료될 예정이었지만 아직도 끝나지 않았고, 신종 코로나의 영향으로 작업이 더 연기되어 특별손실이 늘어나는 악순환에 빠져 있습니다.** 그 결과, 전기 대비 이익률은 9.9% 하락했고, 영업활동에서 현금이 상실된 것을 **자산 매각**으로 메우며 버티고 있지만 영업현금 흐름을 개선하는 것이 녹록지 않은 상황입니다.

위기에 처한 레오팔레스21

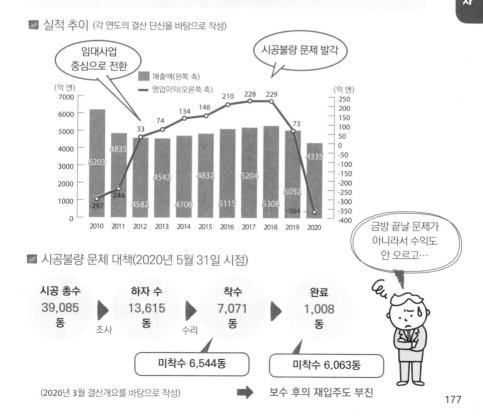

▨ 실적 추이 (각 연도의 결산 단신을 바탕으로 작성)

임대사업 중심으로 전환

시공불량 문제 발각

매출액(왼쪽 축)
영업이익(오른쪽 축)

(억 엔)

▨ 시공불량 문제 대책(2020년 5월 31일 시점)

시공 총수		하자 수		착수		완료
39,085 동	조사	13,615 동	수리	7,071 동		1,008 동

미착수 6,544동

미착수 6,063동

금방 끝날 문제가 아니라서 수익도 안 오르고…

(2020년 3월 결산개요를 바탕으로 작성) ➡ 보수 후의 재입주도 부진

08

역대 최대 적자를 기록한 에이치투오 리테일링

한큐한신 백화점을 운영하는 에이치투오 리테일링. 실적이 좋던 이즈미야와 한큐 오아시스 같은 슈퍼마켓 사업도 시장상황이 반전되면서 적자를 기록했습니다.

한큐한신 백화점을 산하에 둔 에이치투오(H2O) 리테일링의 2020년 3월 결산 매출액은 8973억 엔(전기 대비 3.2% 감소), 영업이익은 112억 엔(전기 대비 45.3% 감소), 당기순손실은 132억 엔이었습니다. **최종적으로 적자가 된 것은 특별손실이 컸기 때문**입니다. 이는 한큐 오아시스와 이즈미야의 과거 5년 이내 신점포 관련 고정자산, 한큐 멘즈 도쿄(Hankyu Men's Tokyo)의 고정자산, **사업모델**을 재검토한 이즈미야와 관련된 감액손실이 185억 엔 발생하고, 자회사 구조조정으로 13억 엔 등이 소요된 데 따른 것입니다.

대대적인 재편에도 시장 상황이 반전돼 적자 발생

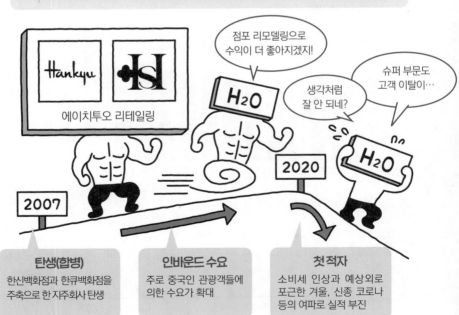

한때 인바운드 수요의 증가로 매출이 회복되었으나 관광객의 소비경향 변화와 함께 신종 코로나가 쐐기를 박으면서 매출이 감소했습니다. 이러한 감소 경향은 간사이에서 특히 두드러져, 간사이에 주력 점포를 집중한 동사가 적지 않은 영향을 받았습니다. 다른 외적 요인으로는 **소비세 인상**도 영향을 미쳤습니다. **9월에는 막바지 수요가 있었지만 소비세 인상 후 10~12월의 매출이 크게 하락하며 실적 부진**을 면치 못했습니다. 또한 포근한 날씨로 인해, 이익이 큰 겨울 코트 같은 두꺼운 의류의 판매가 줄어들어 영업이익이 더욱 악화됐습니다. 총이익률이 전기 대비 0.47% 떨어진 점이 이를 여실히 보여 줍니다. 더불어, 종합 슈퍼 이즈미야는 의류와 주거 관련 상품이 전체 매출의 70%를 차지하고 있었기 때문에 이익이 더욱 크게 감소했습니다.

지주그룹화 이후 맞이한 첫 적자

▨ 손익계산서

	2020년 3월 기준 (백만 엔)	전기비 (백만 엔)	전기비 (%)
매출액	897,289	▲ 29,583	96.8
영업이익	11,171	▲ 9,251	54.7
경상이익	11,831	▲ 9,545	55.3
특별이익	1,707	812	190.7
특별손실	22,875	8,654	160.9
당기순이익	▲ 13,150	▲ 15,312	–

(2020년 3월 기준 결산 단신을 바탕으로 작성)

증세, 포근한 겨울, 신종 코로나의 영향?!

특별손실이 너무 크네…

▨ 주요 특별손실의 내용

이즈미야 사업구조조정·점포 감손	116억 엔	→ 점포 감손 69억 엔, 조기퇴직 할증수당 33억 엔
한큐오아시스 점포 감손	47억 엔	
한큐한신 백화점 점포 감손	22억 엔	→ 콘셉트 변경으로 인한 고객 감소
자회사 재편	13억 엔	

(2020년 3월 기준 결산설명회 자료에서)

09

코로나 쇼크로 3년 연속 적자를 기록한 포플러

주고쿠 지방을 중심으로 편의점을 운영하는 포플러는 신종 코로나의 영향으로 매출이 부진해 3억 엔 정도의 최종 적자가 발생했습니다.

편의점 포플러(Poplar)는 2020년 2월 결산 총매출 254억 엔(전년 동기 대비 2.8% 감소), 영업손실 3.6억 엔, 당기순손실 3억 3000만 엔으로 적자를 기록했습니다. 편의점 업계는 세븐일레븐, 로손, 패밀리마트라는 3강이 압도적인 점유율을 차지하고 있어, 매출·점포 수·조직력·상품력 등 모든 부분에서 4위 이하인 기업이 어떤 우위성을 기대할 수 있는 상황은 아닙니다. 포플러는 따뜻한 밥을 제공하는 '포프 도시락' 등 **소비자 니즈에 부합하는 상품과 서비스를 개발·운영하고 있지만, 좀처럼 수익 개선으로는 이어지지 않고 있습니다.**

대형 업체와는 다른 방향성의 중소 편의점

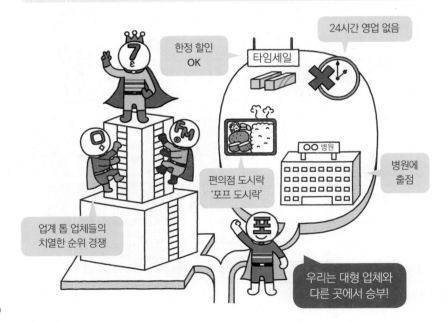

물류와 시스템 개발은 편의점 업계에서 중요한 부분이지만, 3강처럼 거액의 투자를 하기 어려워 물류와 시스템을 완전히 정비하지 못한 것이 중장기적인 적자의 주요인이라고 할 수 있습니다. 그러나 포플러는 소유한 여러 브랜드를 활용해 시설 내 입지나 항구 같은 특수한 장소에도 출점하고 각각의 노하우를 축적하는 등 틈새시장 공략에도 힘을 쏟고 있는 것이 특징입니다. 다만 당기는 신종 코로나의 영향으로 호텔·병원 등에 입점한 점포의 매출이 감소해 적자가 되었습니다. 또한 동사는 이전부터 24시간 영업과 할인판매 금지를 **프랜차이즈 가맹점**에 강제하지 않는 등 점포 운영자를 존중하는 정책을 취하고 있습니다. 덧붙여 공동출자회사의 매각으로 특별이익을, 채산이 악화된 점포의 감손처리 등으로 특별손실을 각각 계상했습니다.

독자 노선으로 활로를 모색 중인 포플러

▨ 적자가 자산에도 영향을 미침(2020년 2월 기준)

		(백만 엔)
매출액	22,201	
영업수입	3,169	
매출원가	17,446	
영업총이익	7,924	
판관비	8,285	
당기순손실	▲330	

순자산은 15.9억 엔

전년보다 5억 엔 DOWN

신종 코로나의 영향으로 순자산도 줄었어…

▨ 출점 입지의 차별화

	2020년 2월 기준
출점	50
폐점	52
총점포	473

병원 내 22점, 사무소 내 12점 포함

(두 표 모두 2020년 2월 기준 결산 단신에서)

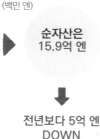

오카야마현의 항구에도 출점?!

생각은 잘했네!

10

유가 급락으로 적자 전환한 코스모 에너지 홀딩스

석유사업을 주요 사업으로 전개하는 코스모 에너지 홀딩스는 원유 가격이 폭락하자 재고평가손실이 확대되어 적자로 전환했습니다.

코스모 석유를 산하에 거느린 코스모 에너지 홀딩스는 2020년 3월 결산 매출액 2조 7380억 엔(전기 대비 1.2% 감소), 영업이익 139억 엔(전기 대비 85.3% 감소), 순손실 282억 엔으로 적자를 기록했습니다. 휘발유는 석유제품 중에서도 소비량이 많지만, 전 세계적으로 **자동차 연료**의 수요가 줄어든 탓에 원유가 잉여 상태입니다. 이로 인해 행해진 **OPEC의 감산 조정이 결렬되고 원유 가격이 폭락하면서, 동사가 보유한 원유 재고의 재고자산평가손실이 522억 엔 발생**해 적자를 계상하게 됐습니다.

원유 가격 변동에 따른 영향

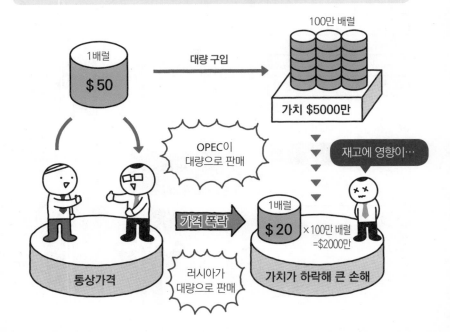

원유 가격 폭락의 배경에는 신종 코로나의 영향이 적지 않습니다. 집콕 생활로 인해 이동이 줄자, 자동차와 비행기 이용이 감소해 연료 수요가 대폭 감소했기 때문입니다. 또한 자동차 동력 기술의 진화와 이동이 줄어드는 새로운 생활 양식을 고려하면, 앞으로 휘발유의 수요가 늘어날 만한 요소는 별로 없습니다. 또한 원유 가격도 1배럴당 50~60달러 정도까지밖에 오르지 않을 것으로 전망되기 때문에, 이 분야의 수익은 크게 기대할 수 없다고 할 수 있습니다. 그런 가운데에도 동사는 계열사가 아닌 키그너스(Kygnus) 석유에 공급을 개시하는 등 **판로 확대를 위해 노력하고 있으며, 기타 사업으로 풍력발전에 주력**하고 있습니다. 신규 풍력발전소의 운전 개시 등에 의해 기타 사업의 이익은 139억 엔으로 전기 대비 36억 엔 증가했습니다.

원유 가격 하락으로 적자 전환

▨ 연결 손익계산서의 개요　　(2020년 3월 기준 결산 단신에서)

	2020년 3월 기준(백만 엔)	전기비(%)
매출액	27,380,03	▲1.2
영업이익	13,893	▲85.3
경상이익	16,285	▲83.2
당기순이익	▲28,155	–

영업이익과
경상이익이 급감!

▨ 세그먼트별 경상이익의 개요　　(백만 엔)

	경상이익	재고 영향을 제외한 경상이익
연결	16,285	68,500
석유 사업	▲47,800	4,400
석유화학 사업	5,200	
석유개발 사업	45,000	
기타·조정	13,900	

(2020년 3월 기준 결산 프레젠테이션 자료에서)

재고의 영향만
아니면 흑자?!

11

철강산업 불황과 코로나 쇼크로 거액의 적자를 낸 닛폰제철

철강업계는 중국 기업과의 경쟁 격화와 수요 부진으로 어려운 상황에 처해 있습니다. 이로 인해 업계 대기업 중 하나인 닛폰제철 또한 역대 최대 적자를 기록했습니다.

철강 대기업 닛폰제철의 2020년 3월 결산 매출은 5조 9215억 엔(전기 대비 4.2% 감소)이었으나, 영업손실은 2844억 엔, 당기손실은 4315억 엔이 발생하며 큰 적자를 냈습니다. **중국에 제철소가 많아져 제품 공급량이 늘어난 데다, 자동차 생산 대수가 감소하고 올림픽 관련 건설 수요가 마무리 단계에 접어들면서** 2019년도 일본의 **조강(粗鋼)** 생산량이 1억 톤 밑으로 떨어지는 등 철강 수요가 대폭 줄어들고 있기 때문입니다. 다시 말해, 신종 코로나의 영향이 시작되기 전부터 이미 시황이 악화된 것입니다.

철강업계의 위기적 상황으로 거액의 적자

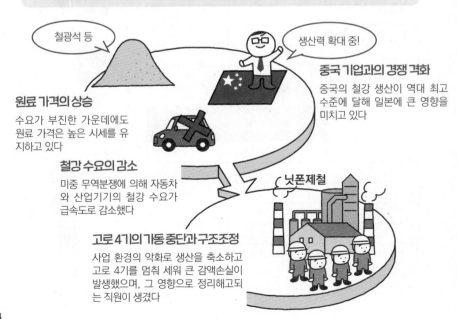

철광석 등

생산력 확대 중!

중국 기업과의 경쟁 격화
중국의 철강 생산이 역대 최고 수준에 달해 일본에 큰 영향을 미치고 있다

원료 가격의 상승
수요가 부진한 가운데에도 원료 가격은 높은 시세를 유지하고 있다

철강 수요의 감소
미중 무역분쟁에 의해 자동차와 산업기기의 철강 수요가 급속도로 감소했다

닛폰제철

고로 4기의 가동 중단과 구조조정
사업 환경의 악화로 생산을 축소하고 고로 4기를 멈춰 세워 큰 감액손실이 발생했으며, 그 영향으로 정리해고되는 직원이 생겼다

코로나 이후의 새로운 생활 양식으로 넓은 사무실과 호텔의 수요가 감소하고 관련 건설이 줄어들어 조강 생산은 더욱 축소될 것으로 예상됩니다. 또한 중국의 생산능력 확대로 판매가격이 하락하는 동시에 원재료(철광석·석탄) 가격은 상승함에 따라, 동사가 가진 자산의 가치가 하락해 4826억 엔에 달하는 **감액손실**로 이어졌습니다. 따라서 닛폰제철은 이후의 철강 수요 감소에 대응하기 위해 생산 공정을 재검토하고 설비 가동을 중단하는 등 2018년도 실적 대비 20% 정도의 감산을 단행할 예정입니다. **철강업계는 장치산업이라 고정비(제철소 관련 감가상각)가 높고 변동비(원재료비)가 낮아, 시설을 가동시키지 않으면 생산효율이 나빠지므로 대량생산·염가판매로 가기 쉬운 경향**이 있습니다. 이러한 상황에서 탈피하는 것이 닛폰제철의 향후 과제라 할 수 있겠습니다.

감액손실의 내역을 살펴보자

✎ 손익계산서

(백만 엔)

	2019년 3월 기준	2020년 3월 기준
매출	6,177,947	5,921,525
매출원가	△5,391,493	△5,312,367
사업이익	336,941	△284,417
영업이익	265,111	△406,119
당기이익	251,169	△431,513

모든 항목에서 이익이 줄어, 최종 손익은 거액의 적자가 된 것을 알 수 있어요

✎ 감액손실 등 개별 공시 항목

(억 엔)

	사업손익	개별 공시	합계
가시마	▲1,504	–	▲1,504
나고야	▲1,228	–	▲1,228
히로하타	▲447	–	▲447
닛테츠닛신	–	▲787	▲787
기타	▲430	▲430	▲860
합계	▲3,609	▲1,217	▲4,826

(두 표 모두 2020년 3월 기준 결산 단신에서)

감액손실의 합계는 4826억 엔이고, 주로 몇몇 설비의 가동중단과 사업재편으로 인해 큰 적자가 났네요

경영 악화에 수반되는 '감손'이란?

　　기업이 행한 투자금이 회수 불가능하다고 판단되었을 때에는 회계처리로서 감손처리를 행합니다.

　　예를 들어, 어느 기업이 땅과 건물 등의 유형고정자산과 지적재산권 등의 무형고정자산에 투자했다고 합시다. 그 자산의 시장 가격이 당초의 기대대로 올랐다면 괜찮지만, 시장 가격이 하락해 투자금액을 회수할 수 없게 되는 일도 있습니다. 이런 경우에 행하는 것이 감손처리입니다. 감손처리에 의해 고정자산의 장부가격(회계상에 기록되는 자산과 부채의 평가액)을 감액시키는 것이 감손처리의 목적입니다.

투자가 실패했을 때는
감손처리를 행합니다.
단, 감손처리에는
단점도 있습니다.

재무상태표에 계상되는 고정자산의 장부가격을 감액하고, 그 감액한 금액을 손익계산서의 특별손실에 감액손실로 기재하는 것이 감손처리의 구체적인 방법입니다.

'적자경영이 이어지고 있다', '고정자산을 이용한 사업에서 철수했다', '고정자산의 가치가 크게 하락했다', '시장 상황이 현저히 악화되었다' 등이 감손처리를 행하는 타이밍이라고 할 수 있습니다.

감손처리를 행함으로써 '단기적으로 경영 실적이 악화한 것처럼 보인다', '투자가 실패한 것이 아닌가'라는 식으로 받아들여져 기업가치가 폭락할 가능성이 있으며, 자금융통 시에도 큰 영향이 생길 수 있습니다. 또한 감손처리를 행한 연도는 수익률이 떨어지는 경우가 대부분이기 때문에, 많은 기업이나 투자자들로부터 자금을 조달한 경우에는 주주들에게 감손처리의 이유와 경위를 명확하게 설명할 필요가 있습니다.

감손처리를 할 경우 결과적으로 감가상각비가 줄어드는 한편, 재무상태표에 기재되는 ROA(총자산이익률)와 ROE(자기자본이익률)가 상대적으로 향상되는 면도 있습니다. 반대로, 감손처리는 이 값들이 변동되는 이유가 된다는 점도 기억해 둡시다.

감액손실은 일반적으로는 '특별손실'로 계상되기 때문에 영업이익과 경상이익에는 영향이 없습니다. 결산서를 읽을 때는 이 점을 잊지 않도록 주의합시다.

게재 용어 색인

🌐 주요 참고 문헌

『회계 퀴즈만 풀어도 재무3표를 알 수 있다 세상에서 가장 즐거운 결산표 읽는 법』
오테마치의 랜덤워커 저(KADOKAWA)

『글로벌 기업의 비즈니스 모델을 파악한다 영문 결산서 읽는 법』
오야마 마코토 저(소시무 주식회사)

『경영과 회계는 잘 모르지만, 돈 잘 버는 회사를 가르쳐 주세요!』
가와구치 히로유키 저(다이아몬드사)

『결산서는 여기만 읽자(2020년 판)』
야지마 마사키 저(고분도)

『결산서 100가지 기본』
다카쓰지 나루히코 저(도요게이자이신보사)

『여기만 읽으면 결산서는 알 수 있다!』
사사키 리에 저(신세이 출판사)

『이것만 재무제표』
고미야 가즈요시 저(니혼게이자이신문 출판)

『도해 'ROE가 뭐야?'라는 사람을 위한 경영지표 교과서』
고미야 가즈요시 저(PHP연구소)

『스토리로 알 수 있는 재무3표 초입문』
구니사다 가쓰노리 저(다이아몬드사)

『세상에서 가장 쉬운 결산서 교과서 1학년』
고미야 가즈요시 저(소테크사)

『전문가가 아닌 사람을 위한 결산서&파이낸스 교과서』
니시야마 시게루 저(도요게이자이신보사)

『비즈니스 기초체력이 몸에 붙는다 결산서를 읽는 기술』
가와구치 히로유키 저(간키 출판)

『100분이면 알 수 있다! 결산서 '분석' 초입문 2020』
사에키 요시타카 저(아사히신문 출판)

『GAFA의 결산서 초엘리트 기업의 이익구조와 비즈니스 모델을 파악할 수 있다』
사이토 히로시 저(간키 출판)

『HOW FINANCE WORKS 하버드 비즈니스 스쿨 파이낸스 강좌』
미히르 A. 데사이 저(다이아몬드사)

あの企業の儲ける力がゼロからわかる! 決算書の読み方 見るだけノート
by 小宮 一慶

Copyright © 2020 by Kazuyoshi Komiya
Original Japanese edition published by Takarajimasha, Inc.
Korean translation rights arranged with Takarajimasha, Inc. through Duran Kim Agency, Seoul.
Korean translation rights © 2023 by PENCILPRISM, Inc.

기업의 수익 구조를 낱낱이 파헤친다! 보이는 노트 재무제표
고미야 가즈요시 감수

기업의 수익 구조를 낱낱이 파헤친다!

보이는 노트 재무제표

펴 낸 날 | 1판 1쇄 2023년 7월 28일

감   수 | 고미야 가즈요시
옮 긴 이 | 장혜영

펴 낸 곳 | 데이원
출판등록 | 2017년 8월 31일 제2021-000322호
편집부(투고) | 070-7566-7406, dayone@bookhb.com
영업부(출고) | 070-8623-0620, bookhb@bookhb.com
팩   스 | 0303-3444-7406

보이는 노트 재무제표 ⓒ 고미야 가즈요시, 2023

ISBN 979-11-6847-195-5 (13320)